Polish

The Polish Language Learning Guide for Beginners

© Copyright 2020

All Rights Reserved. No part of this book may be reproduced in any form without permission in writing from the author. Reviewers may quote brief passages in reviews.

Disclaimer: No part of this publication may be reproduced or transmitted in any form or by any means, mechanical or electronic, including photocopying or recording, or by any information storage and retrieval system, or transmitted by email without permission in writing from the publisher.

While all attempts have been made to verify the information provided in this publication, neither the author nor the publisher assumes any responsibility for errors, omissions or contrary interpretations of the subject matter herein.

This book is for entertainment purposes only. The views expressed are those of the author alone, and should not be taken as expert instruction or commands. The reader is responsible for his or her own actions.

Adherence to all applicable laws and regulations, including international, federal, state and local laws governing professional licensing, business practices, advertising and all other aspects of doing business in the US, Canada, UK or any other jurisdiction is the sole responsibility of the purchaser or reader.

Neither the author nor the publisher assumes any responsibility or liability whatsoever on the behalf of the purchaser or reader of these materials. Any perceived slight of any individual or organization is purely unintentional.

Contents

PART 1: POLISH FOR BEGINNERS 1
A COMPREHENSIVE GUIDE FOR LEARNING THE POLISH LANGUAGE FAST 1
INTRODUCTION 2
CHAPTER 1 – THE VERY BASICS 3
CHAPTER 2 – GRAMMAR BITS 29
CHAPTER 3 – LET'S TALK 47
CHAPTER 4 – USEFUL WORDS 99
PART 2: MASTERING POLISH WORDS: 203
INCREASE YOUR VOCABULARY WITH OVER 1,000 POLISH WORDS IN CONTEXT 203
INTRODUCTION 204
CHAPTER 1 – THE FOUNDATIONS 207
CHAPTER 2 – MINIMAL AMOUNT OF THEORY 221
CHAPTER 3 – GENERAL AND FREQUENT WORDS 230
CHAPTER 4 – WEATHER 265
CHAPTER 5 – FAMILY AND RELATIONSHIPS 270
CHAPTER 6 – CLOTHES 277
CHAPTER 7 – FOOD AND DRINK 285
CHAPTER 8 – BODY AND HEALTH 294
CHAPTER 9 – TRAVELING AND HOLIDAYS 304
CHAPTER 10 – EDUCATION 322
CHAPTER 11 – AT WORK 336

CHAPTER 12 - IN A RESTAURANT 343
CHAPTER 13 - AT HOME 346
CHAPTER 14 - DOING THE SHOPPING.. 354
CHAPTER 15 - FREE TIME 363
CHAPTER 16 - MONEY 375
CONCLUSION 380

Part 1: Polish for Beginners

A Comprehensive Guide for Learning the Polish Language Fast

Introduction

You are about to immerse yourself in the Polish language, and you won't be disappointed. This book will equip you with the basic knowledge and necessary language skills that will give you a real boost. You will have the chance to casually go through the Polish grammar basics without hard and daunting examination. Moreover, you will have the real chance to use your speaking skills throughout the whole book!

This book is not a textbook. You will, of course, be given some exercises, but they won't focus on the result. Here, the process is the most significant indicator of your fluency.

Before you start

The book consists of four chapters. First, you will start with the very basics and some simple exercises. Then, you will get familiar with Polish grammar. In the third chapter, you will have the opportunity to master your conversational skills. There will be many useful expressions and questions that may be vital during your trip to Poland. The last chapter contains essential vocabulary. After each part, you will also have a chance to revise all the words.

Are you ready? Good luck!

Chapter 1 – The Very Basics

The Polish Alphabet

If you have seen the Polish alphabet before, you would've noticed some weird letters, such as ą, ę, ó, ż, etc. However, there is nothing to worry about. The Polish alphabet is quite simple—since it shares many features with the English alphabet.

The Polish alphabet derives from the Latin alphabet, but the pronunciation has remained purely Slavic. Thus, Polish contains some unusual letters that you won't find in Western European alphabets. Moreover, Polish has some letter clusters that are called digraphs and trigraphs (you will see them later). Interestingly, letters x, v, and q are absent in Polish, even though they are common in Latin.

To start, take a close look at single letters and their pronunciation. You will notice an English word that contains a similar sound. Be careful! Some sounds (especially vowels) are not identical. The nearest equivalents are provided.

THE POLISH ALPHABET:

Polish letter/English sound/pronunciation example:

A a/u/as in fun

Ą ą/on, om/as in long

B b/b/as in bat

C c/ts/as in bits
Ć ć/ch/as in cheek
D d/d/as in dog
E e/e/as in red
Ę ę/en, em/as in dense
F f/f/as in frog
G g/g/as in gap
H h/ch/as in hamster (heavily enunciated)
I i/ee/as in cheek
J j/y/as in yeti
K k/c/as in call
L l/l/as in look
Ł ł/w/as in wall
M m/m/as in mom
N n/n/as in nose
Ń ń/ng (soft)/as in onion
O o/o/as in hot
Ó ó/u/as in push
P p/p/as in push
R r/r/as in Rome (rolled)
S s/s/as in seek
Ś ś/sh (soft)/as in sheep
T t/t/as in top
U u/u/as in push
W w/v/as in vital
Y y/y/as in rhythm
Z z/z/as in zebra

Ź ź/zh/as in Niger (very soft)

Ż ż/zh/as in pleasure (hard)

All in all, there are thirty-two single letters in the Polish alphabet. Before moving on to diphthongs that may cause some confusion, you need to practice the single sounds.

Exercise: Try to pronounce the Polish letters.

A a/u

Ą ą/on, om

B b/b

C c/ts

Ć ć/ch

D d/d

E e/e

Ę ę/en, em

F f/f

G g/g

H h/ch

I i/ee

J j/y

K k/c

Ll/l

Ł ł/w

M m/m

N n/n

Ń ń/ng

O o/o

Ó ó/u

P p/p

R r/r

S s/s

Ś ś/sh

T t/t

U u/u

W w/v

Y y/y

Z z/z

Ź ź/zh

Ż ż/zh

Congrats! You have managed to pronounce the Polish alphabet, although you've most likely faced some problems with the letters that are absent in English. That is fine. You need to train your articulatory muscles to move differently. The more you practice, the easier the pronunciation will become.

Now, take a closer look at some weird clusters, the so-called Polish diphthongs and triphthongs—these may be the hardest to grasp. You are about to really exercise your jaw and tongue.

POLISH DIPHTHONGS

Polish diphthong/English sound/pronunciation example:

Ch/ch/as in hamster

Ci/ch/as in cheek

Cz/ch/as in chalk

Dz/dz/as in goods (but with voiced s)

Dzi/dz/as in duke (very soft)

Dź/dz/as in duke (very soft)

Ni/ni/as in onion

Rz/s/as in treasure

Si/sh/as in sheep (soft)

Sz/sh/as in shark (hard)

Szcz/shch/- this is a consonant cluster that is absent in English; however, you try to join the sounds/sh/as in shark and/ch/as in chalk -/shch /

Zi/zh /as in Niger (very soft)

That was probably tough, with the *szcz* the hardest one because there is no such letter combination in the English language. The best way to start learning Polish is to get acquainted with the Polish sounds. There will be many hissing sounds coming from your mouth as you practice the Polish diphthongs. Essentially, Polish is considered a language of snakes!

Exercise: Try to pronounce Polish diphthongs.

Ch/ch

Ci/ch

Cz/ch

Dz/dz

Dzi/dz

Dź/dz

Ni/ni

Rz/s

Si/sh

Sz/sh

Szcz/shch

Zi/zh

Good job! You will quickly become a master of Polish sounds. Just a little more practice and you will get there.

Now it is time to discuss some interesting aspects of the Polish alphabet. As you have probably noticed, there is a significant difference between English and Polish, as far as alphabets are concerned. English sounds can be represented by multiple letter combinations, whereas Polish is simpler here. For example, the English sound [i] can be represented in the script in many ways (e, ee, i, y, and so on). In Polish, however, the sound [i] is represented only by the letter i. So, if you keep practicing, you will eventually get used to Polish sounds. Polish sounds may seem tough at the beginning, yet the journey becomes easier and easier with time.

There is one more thing that you should be aware of—the Polish orthography. There are some sounds in Polish that have different written representations. Although there aren't many of them, you need to, at least, know that they exist to avoid confusion in the future.

POLISH ORTOGRAPHY

[The sound] - Written representation 1/Written representation 2

[u] - u/ó

[h] (heavily aspirated) - h/ch

[zh] (hard) - ż/rz

[zh] (soft) - ź/zi

[sh] (soft) - ś/si

[ch] (soft) - ć/ci

[ng] (soft) - ń/ni

[om] - ą/om

With this Polish orthography, you don't have to practice it too hard. The best way to learn it is to get familiar with it by reading texts and seeing the words. If you make a mistake, don't worry—even Polish people struggle with the orthography since you have to learn it by heart. Remember why you want to learn Polish—you want to communicate, not produce perfect pieces of text!

Numbers

Although the rules of creating Polish numbers are quite simple, the pronunciation of Polish numbers can be tricky since you have to deal with the hardest sounds. That is why you will need to put in some effort and practice. For now, take a look at the smallest numbers—the ones from 0 to 10.

0 - zero

1 - jeden

2 - dwa

3 - trzy

4 - cztery

5 - pięć

6 - sześć

7 - siedem

8 - osiem

9 - dziewięć

10 - dziesięć

Have you seen those new letters? English speakers face many problems with the pronunciation of Polish numbers. Thus, you need to stay here for a little longer and practice.

Exercise: Repeat the Polish numbers.

zero - zero

one - jeden

two - dwa

three - trzy

four - cztery

five – pięć

six – sześć

seven – siedem

eight – osiem

nine – dziewięć

ten – dziesięć

Very good! Now try to repeat all the numbers one by one.

zero

zero, jeden

zero, jeden, dwa

zero, jeden, dwa, trzy

zero, jeden, dwa, trzy, cztery

zero, jeden, dwa, trzy, cztery, pięć

zero, jeden, dwa, trzy, cztery, pięć, sześć

zero, jeden, dwa, trzy, cztery, pięć, sześć, siedem

zero, jeden, dwa, trzy, cztery, pięć, sześć, siedem, osiem

zero, jeden, dwa, trzy, cztery, pięć, sześć, siedem, osiem, dziewięć

zero, jeden, dwa, trzy, cztery, pięć, sześć, siedem, osiem, dziewięć, dziesięć

Good job! You have just counted to ten! Now it is time to expand your horizons and take a look at numbers from 11 to 19:

11 – jedenaście

12 – dwanaście

13 – trzynaście

14 – **czter**naście

15 – **pięt**naście

16 - **szes**naście

17 - siedemnaście

18 - osiemnaście

19 - **dziewię**tnaście

You don't have to learn these numbers by heart. All you need to do is discover some patterns and try to follow them. Look at the numbers from 11 to 19 again. Have you noticed some regularities?

The Polish -*naście* is an equivalent of the English -*teen*. If you want to make, for example, *seventeen*, you take *seven* and add -*teen*. The Polish rule is the same—you take the number from 0 to 9 and add -*naście*. But be careful! There are some numbers like *czternaście, piętnaście, szesnaście,* or *dziewiętnaście* that require slight changes.

That was pretty easy. Now it is time to polish your pronunciation.

Exercise: Repeat Polish numbers from 11 to 19.

11 - jedenaście

12 - dwanaście

13 - trzynaście

14 - **czter**naście

15 - **pię**tnaście

16 - **szes**naście

17 - siedemnaście

18 - osiemnaście

19 - **dziewię**tnaście

Very good! You are making huge progress! But you won't stop here. There are more numbers.

20 - **dwa**dzieścia

30 – **trzy**dzieści

40 – **czter**dzieści

50 – **pięć**dziesiąt

60 – **sześć**dziesiąt

70 – **siedem**dziesiąt

80 – **osiem**dziesiąt

90 – **dziewięć**dziesiąt

100 – sto

You have just learned some bigger Polish numbers. Now, it is time to practice. You definitely need to say *dziewięćdziesiąt* accurately!

Exercise: Repeat the Polish numbers.

20 – **dwa**dzieścia

30 – **trzy**dzieści

40 – **czter**dzieści

50 – **pięć**dziesiąt

60 – **sześć**dziesiąt

70 – **siedem**dziesiąt

80 – **osiem**dziesiąt

90 – **dziewięć**dziesiąt

100 – sto

Now that you know the *rounded* numbers, you need to learn the other ones. The pattern is simple: you just read what you see from left to right. Here are some examples.

21 – dwadzieścia jeden

55 – pięćdziesiąt pięć

48 – czterdzieści osiem

37 – trzydzieści siedem

92 – dziewięćdziesiąt dwa

75 – siedemdziesiąt pięć

In Polish, you don't write a dash in two-digit numbers—you just write what you see.

Exercise: Create the numbers in Polish.

24 –

27 –

36 –

41 –

49 –

54 –

69 –

73 –

82 –

99 –

100 –

Good job! You have officially learned Polish numbers!

Months and Days of the Week

If you have seen names of days and months in other languages like German or Spanish, you've probably noticed the similarities. However, when it comes to Polish, you need to almost start from scratch.

Months:

Styczeń – January

Luty – February

Marzec – March

Kwiecień – April

Maj – May

Czerwiec – June

Lipiec – July

Sierpień – August

Wrzesień – September

Październik – October

Listopad – November

Grudzień – December

Since these are some new names, you need to memorize them quickly.

Exercise: Repeat the Polish months.

Styczeń

Styczeń, luty

Styczeń, luty, marzec

Styczeń, luty, marzec, kwiecień

Styczeń, luty, marzec, kwiecień, maj

Styczeń, luty, marzec, kwiecień, maj, czerwiec

Styczeń, luty, marzec, kwiecień, maj, czerwiec, lipiec

Styczeń, luty, marzec, kwiecień, maj, czerwiec, lipiec, sierpień

Styczeń, luty, marzec, kwiecień, maj, czerwiec, lipiec, sierpień, wrzesień

Styczeń, luty, marzec, kwiecień, maj, czerwiec, lipiec, sierpień, wrzesień, październik

Styczeń, luty, marzec, kwiecień, maj, czerwiec, lipiec, sierpień, wrzesień, październik, listopad

Styczeń, luty, marzec, kwiecień, maj, czerwiec, lipiec, sierpień, wrzesień, październik, listopad, grudzień

The months are significantly different since Polish is a Slavic language and English is a Germanic language. If you look at other Slavic languages, you will probably notice some similar names of months.

Days of the week:

Poniedziałek – Monday

Wtorek – Tuesday

Środa – Wednesday

Czwartek – Thursday

Piątek – Friday

Sobota – Saturday

Niedziela – Sunday

Nothing is probably familiar to you regarding the above either. That is why you need to practice and memorize the names. If you forget something, just go through the list again and again. Eventually, you will become a pro!

Exercise: Repeat the Polish days of the week.

Poniedziałek

Wtorek

Środa

Czwartek

Piątek

Sobota

Niedziela

Well done! Now, here is a bonus skill. If you want to say *today is...*, you need to use:

Dziś jest...

Repeat one more time: **Dziś jest...**

Bonus exercise: Try to say the following phrases in Polish.

Today is Monday.

Today is Tuesday.

Today is Wednesday.

Today is Thursday.

Today is Friday.

Today is Saturday.

Today is Sunday.

Very good! You are getting better and better. When it comes to reading or writing the date in Polish, it usually starts with a day and ends with a year. You have to use a numeral, not a number, if you read the date (similar to the English pattern). However, Polish numerals are quite tough for a beginner learner since they need to be declined by gender, number, and case. So, for now, just stop here and take a look at the seasons.

Seasons:

Wiosna – Spring

Lato – Summer

Jesień – Autumn/Fall

Zima – Winter

Well done! If you don't remember much, just go back to the exercises and go through the vocabulary lists multiple times. You are not at school; therefore, you're not in a hurry. If you feel confident enough, you can go straight to the next part!

Nouns

Since Polish and English do not share many similarities in terms of grammar, you need to, at least, be aware of some basic differences, starting with the nouns.

English nouns are quite simple. If there is one, you don't change anything. If there's two or more, you just add -s at the end (with a few exceptions), and that is basically it. When it comes to Polish, though, the story gets more complicated. Polish nouns have to be declined by gender, number, and case. While number and gender declensions are quite understandable concepts for an English learner, the cases tend to scare learners.

Cases:

There are seven cases in total. Polish nouns change the ending, depending on which case they are declined. And that is all you should know for now, as declensions at this point are unnecessary. Mastering the rules will not make your learning efficient. Even if you apply a wrong ending, your message will be understood anyway. So, now take a look at some examples to see how nouns work in different Polish cases.

A BOOK - KSIĄŻKA

Nominative - książka

Genitive - książki

Dative - książce

Accusative - książkę

Ablative - (z) książką

Locative - (o) książce

Vocative - książko!

A COMPUTER - KOMPUTER

Nominative - komputer

Genitive - komputera

Dative - komputerowi

Accusative - komputer

Ablative - (z) komputerem

Locative - (o) komput<u>erze</u>

Vocative - komput<u>erze</u>!

As you have probably noticed, the endings are quite different. There is no point in making you remember the rules. Your learning has to be quick, efficient, and fun! The best way is to learn the cases gradually, in context, and by using associations. If you try to learn all variations of the same word by heart, you will find yourself overwhelmed sooner or later. So, don't worry.

Even some proper names have to be declined by case. Look at the examples below:

Francja [France] - feminine noun

Nominative - Francja

Genitive - Francji

Dative - Francji

Accusative - Francję

Ablative - (z) Francją

Locative - (o) Francji

Vocative - Francjo!

Włochy [Italy] - plural noun

Nominative - Włochy

Genitive - Włoch

Dative - Włochom

Accusative - Włochy

Ablative - (z) Włochami

Locative - (o) Włoszech

Vocative - Włochy!

If you are starting to panic, take a deep breath. This theoretical part is included here only to give you an idea of how the language works and in what ways it is different from your mother tongue. Don't expect any advanced grammar in later exercises—just have fun!

Number:

As mentioned, cases are just a part of the bigger picture, so now look at how the grammatical number works in Polish.

Singular and plural are formed with different endings that correspond with gender. English plural involves the ending -s with only a few exceptions, whereas Polish plural involves endings such as -y, -i, -e, or -a.

In the Polish plural form, there are only two genders—masculine and non-masculine. There aren't any rules to apply in terms of using plural and singular. Here are some examples:

English translation/Polish Singular/Polish Plural

A house/dom/domy

A wallet/portfel/portfele

An umbrella/parasolka/parasolki

A book/książka/książki

A computer/komputer/komputery

A girl/dziewczyna/dziewczyny

A boy/chłopak/chłopaki

A dog/pies/psy

A cat/kot/koty

The best way to learn the rules is to see them in context and memorize. If you try to follow the rules, you will quickly get lost and lose your communicative fluency.

Gender:

Polish grammatical gender is way different from the English one since Polish masculine, feminine, and neuter do not correspond with the actual sex. Using feminine or masculine gender while talking about objects is the standard in Polish. For instance, the Polish word *banan* [banana] is masculine, the word *truskawka* [strawberry] is feminine, and the word *mango* [mango] is neutral.

To sum up what you have learned here:

1. Polish is quite complicated in terms of grammar. At least, it differs significantly from English.

2. Polish grammatical number is irregular and requires adding different endings, depending on factors like gender, etc.

3. Polish gender does not correspond with the actual sex. Even inanimate objects can be masculine or feminine.

4. There are seven cases in Polish that require different endings. There are so many of them that learning the rules would be completely useless.

5. You don't have to learn the declensions. Just be aware of the key differences to be more confident in the future.

Articles

The three basic articles in English are *a, an,* and *the.* In contrast, the Polish language does not have any articles. You most likely don't think much about using articles in English, as you produce them naturally. It is something you have heard and seen since childhood. From the native Polish speaker's perspective, though, the idea of English articles is hard to grasp. Despite knowing the rules and exceptions, even advanced and proficient Polish speakers of English cannot fully understand English articles.

Fortunately, you do not have to learn any articles since Polish doesn't contain any. So, take a break and relax for a little while.

Pronouns

There are only a few personal pronouns in English. Can you remember all of them? What are they? You probably remember that there are only three versions of a personal pronoun in English. For example, *me*, *my*, and *mine* or *you*, *your*, and *yours*.

Unfortunately, Polish pronouns have more versions than English ones. They act like nouns, so they need to be declined by gender, number, and case. Each pronoun looks different in each case, gender, and number, so that is why there are so many of them.

Ja - I

Ty - you

On - he

Ona - she

Ono - it

My - we

Wy - you

Oni/one - they

Those are the basic versions of pronouns. They are in the nominative case, which means that they are in the primary form. They are the same as the English ones. Repeat them.

Ja - I

Ty - you

On - he

Ona - she

Ono - it

My - we

Wy - you

Oni/one - they

During the repetition, you probably noticed two different versions of the pronoun *they*. The first one is masculine, and the second one is feminine. When you refer to a group of men or a mixed group, you need to use *oni*. You have to use one when you refer to a group of women. So, the pronoun *oni* is more popular since it can serve both as a reference to a mixed group or a group of men. You can't use *one*, even though the group consists of one man and ten women. Now, practice the pronouns again.

Exercise: Try to guess the Polish pronouns based on the English equivalents.

I

You

He

She

It

We

You

They

Try to do the same exercise once again, but in random order.

You

She

They

I

He

You

It

We

Well done! You have learned Polish pronouns. It is a huge step towards building the simplest sentences. Remember about the distinction between a masculine *oni* and a feminine *one*.

Presently, this book won't teach you about the rest of the pronouns that appear in different cases. It would not give any positive results. You would get confused and quickly lose your motivation. So, it is time to move on to the next topic—provided you are confident enough with the pronouns. If you need more practice, do it now and come back later.

Adjectives

Not only do nouns introduce the mess in Polish, but the adjectives are also quite messy. In fact, they need to stay in compliance with gender, number, and case, so they too require different endings. To make things less complicated, they don't act like separate random words—they depend directly on the noun they describe. So, if the noun is singular feminine in the dative case, the adjective will also be singular feminine in the dative case.

Below, you will see how the adjectives work in different cases, genders, and numbers. Be aware that you don't have to memorize the declensions—they are only here to show you how Polish works. You definitely need to learn adjectives in context, provided that you are more or less familiar with the patterns. Look at the adjective *mały*, which means *small*:

mały samochód - a small car (masculine noun, singular)

[Nominative] mały samochód

[Genitive] małego samochodu

[Dative] - małemu samochodowi

[Accusative] - mały samochód

[Ablative] - (z) małym samochodem

[Locative] - (o) małym samochodzie

[Vocative] – mały samochodzie!

mała dziewczynka – a small girl (feminine noun, singular)
[Nominative] mała dziewczynka
[Genitive] małej dziewczynki
[Dative] – małej dziewczynce
[Accusative] – małą dziewczynkę
[Ablative] – (z) małą dziewczynką
[Locative] – (o) małej dziewczynce
[Vocative] – mała dziewczynko!

małe dziecko – a small child (neutral noun, singular)
[Nominative] małe dziecko
[Genitive] małego dziecka
[Dative] – małemu dziecku
[Accusative] – małe dziecko
[Ablative] – (z) małym dzieckiem
[Locative] – (o) małym dziecku
[Vocative] – małe dziecko!

małe samochody – small cars (masculine noun, plural)
[Nominative] małe samochody
[Genitive] małych samochodów
[Dative] – małym samochodom
[Accusative] – małe samochody
[Ablative] – (z) małymi samochodami
[Locative] – (o) małych samochodach
[Vocative] – małe samochody!

małe dzieci - small children (non-masculine noun, plural)

[Nominative] małe dzieci

[Genitive] małych dzieci

[Dative] - małym dzieciom

[Accusative] - małe dzieci

[Ablative] - (z) małymi dziećmi

[Locative] - (o) małych dzieciach

[Vocative] - małe dzieci!

Those declensions were quite complicated, but you know how they work, and it is a huge step towards mastering the Polish language.

Now it is time to look at the adjectives in terms of gradation. The good news is that Polish gradation works nearly the same as the English one. Short adjectives require an ending, and longer adjectives require a word before them. Of course, there are a few exceptions. For now, just take a look at the short adjectives, and go through all of the adjectives multiple times to learn them automatically.

Długi (long) - dłuższy (longer) - najdłuższy (the longest)

Krótki (short) - krótszy (shorter) - najkrótszy (the shortest)

Niski (low) - niższy (lower) - najniższy (the lowest)

Chudy (skinny) - chudszy (skinnier) - najchudszy (the skinniest)

Ciepły (warm) - cieplejszy (warmer) - najcieplejszy (the warmest)

Zimny (cold) - zimniejszy (colder) - najzimniejszy (the coldest)

Jasny (light) - jaśniejszy (lighter) - najjaśniejszy (the lightest)

Ciemny (dark) - ciemniejszy (darker) - najciemniejszy (the darkest)

Miły (nice) - milszy (nicer) - najmilszy (the nicest)

Szczęśliwy (happy) - szczęśliwszy (happier) - najszczęśliwszy (the happiest)

Smutny (sad) - smutniejszy (sadder) - najsmutniejszy (the saddest)

Młody (young) - młodszy (younger) - najmłodszy (the youngest)

Stary (old) - starszy (older) - najstarszy (the oldest)

Nowy (new) - nowszy (newer) - najnowszy (the newest)

Śmieszny (funny) - śmieszniejszy (funnier) - najśmieszniejszy (the funniest)

Fajny (cool) - fajniejszy (cooler) - najfajniejszy (the coolest)

Gruby (fat) - grubszy (fatter) - najgrubszy (the fattest)

Ciężki (heavy) - cięższy (heavier) - najcięższy (the heaviest)

Silny (strong) - silniejszy (stronger) - najsilniejszy (the strongest)

Słaby (weak) - słabszy (weaker) - najsłabszy (the weakest)

Późny (late) - późniejszy (later) - najpóźniejszy (the latest)

Wczesny (early) - wcześniejszy (earlier) - najwcześniejszy (the earliest)

Twardy (hard) - twardszy (harder) - najtwardszy (the hardest)

Miękki (soft) - miększy (softer) - najmiększy (the softest)

Tani (cheap) - tańszy (cheaper) - najtańszy (the cheapest)

Biały (white) - bielszy (whiter) - najbielszy (the whitest)

Mądry (smart) - mądrzejszy (smarter) - najmądrzejszy (the smartest)

You probably noticed the pattern. Comparative adjectives require the ending -*szy*. To complicate matters, the main part of the adjective changes a bit too. When you want to create a superlative adjective, you have to add *naj-* at the beginning of the comparative adjective. There are some adjectives in Polish that act like short adjectives, but their English equivalents act like long adjectives:

Drogi (expensive) - droższy (more expensive) - najdroższy (the most expensive)

Piękny (beautiful) - piękniejszy (more beautiful) - najpiękniejszy (the most beautiful)

Ważny (important) - ważniejszy (more important) - najważniejszy (the most important)

There is a second way of grading adjectives, the so-called descriptive gradation. In English, you just add *more* and *the most*, while in Polish, you need to add *bardziej* and *najbardziej*. Take a look at some examples:

Inteligentny (intelligent) - bardziej inteligentny (more intelligent) - najbardziej inteligentny (the most intelligent)

Popularny (popular) - bardziej popularny (more popular) - najbardziej popularny (the most popular)

Zielony (green) - bardziej zielony (greener) - najbardziej zielony (the greenest)

This gradation is way simpler. Interestingly, some adjectives can be graded both in a descriptive and non-descriptive way:

Inteligentny (intelligent) - bardziej inteligentny (more intelligent) - najbardziej inteligentny (the most intelligent)

Inteligentny - inteligentniejszy - najinteligentniejszy

Popularny (popular) - popularniejszy (more popular) - najpopularniejszy (the most popular)

Popularny - bardziej popularny - najbardziej popularny

Zielony (green) - bardziej zielony (greener) - najbardziej zielony (the greenest)

Zielony - zieleńszy - najzieleńszy

Of course, there are some exceptions, just as in English. Here are the most common ones:

Dobry (good) - lepszy (better) - najlepszy (the best)

Zły (bad) – gorszy (worse) – najgorszy (the worst)
Duży (big) – większy (bigger) – największy (the biggest)
Mały (small) – mniejszy (smaller) – najmniejszy (the smallest)
Wysoki (tall) – wyższy (taller) – najwyższy (the tallest)

Chapter 2 – Grammar Bits

Before you start learning some useful Polish words and expressions, you need to familiarize yourself with some basic grammatical concepts. To acquire the core of the language quickly and efficiently, you have to know the theoretical foundations of the target language. You won't have to memorize declensions and other difficult material—you will just go through the most important concepts you need to be aware of.

Verbs – how do they work?

Polish verbs, as like the nouns, are highly complicated. It is because Polish verbs require eleven different patterns of conjugation. Keep in mind that the eleven patterns are applicable only in the present tenses. The past tense requires the other pattern. Do not try learning them by heart—it would not be beneficial. Instead, this book provides some tips and learning hacks that can improve and speed up your learning.

In order not to get lost, you need to find some similarities and patterns. Polish verbs in an infinitive form (the form without a person) end with [-ć]. If you decline the verb by all the grammatical persons, you will notice that the ending changes accordingly. Look at three different Polish verbs: *robić* [to do], *czytać* [to read] and *śpiewać* [to sing].

To do – robić

I do – ja robi**ę**

You do – ty robi**sz**

He does – on robi

She does – ona robi

It does – ono robi

We do – my robi**my**

You do – wy robi**cie**

They do – oni/one robi**ą**

To read – czytać

I read – ja czyta**m**

You read – ty czyta**sz**

He reads – on czyta

She reads – ona czyta

It reads – ono czyta

We read – my czyta**my**

You read – wy czyta**cie**

They read – oni/one czyta**ją**

To sing – śpiewać

I sing – ja śpiewa**m**

You sing – ty śpiewa**sz**

He sings – on śpiewa

She sings – ona śpiewa

It sings – ono śpiewa

We sing – my śpiewa**my**

You sing – wy śpiewa**cie**

They sing – oni/one śpiew**ają**

Did you notice the pattern? Go through the list once again and look carefully at the endings. You will probably guess the rules on your own.

Despite the abundance of declension patterns, Polish verbs are rather regular. You just need to observe them carefully and you will become confident enough. So, what about the above verbs? Despite some slight changes, the pattern stays the same:

• in the first person *ja,* there is always the ending [-m] or [-ę];

• in the second person *ty,* there is always the ending [-sz];

• in the third person *on/ona/ono,* there is nearly always no ending—you just delete [-ć] from the original infinitive form;

• in the first person plural, there is almost always the ending [-my];

• in the second person plural, there is almost always the ending [-cie]; and

• in the third person plural, there is always the ending [-ą].

The rules can be applied to nearly all Polish verbs. Of course, there are some exceptions, but you don't have to know them now. However, you need to be aware of the fact that some verbs undergo some changes in the main part. For instance, the substitution of a letter, the addition of a new letter, or the deletion of a letter. These changes are there for a reason. Without them, the pronunciation (which is tough already) would be really hard, even for Polish people who are natural-born "snakes".

Don't get discouraged if you confuse some letters—you will probably be understood anyway. The more you immerse yourself in the new language, the more automatic your use will be.

Exercise: Try to conjugate *grać* [to play]. Take your time and apply the endings analogically, based on the examples that you have been shown.

TIP: The verb *grać* is similar to *czytać*.

To play – grać

I play –

You play –

He plays –

She plays –

It plays –

We play –

You play –

They play –

Here are the answers:

I play – ja gram

You play – ty grasz

He plays – on gra

She plays – ona gra

It plays – ono gra

We play – my gramy

You play – wy gracie

They play – oni/one grają

Good! Hopefully, you understand the pattern.

Exercise: Try to conjugate *dzwonić* [to call]. Take your time and apply the endings analogically, based on the examples that you have been shown.

TIP: The verb *dzwonić* is similar to *robić*.

To call - dzwonić

I call -

You call -

He calls -

She calls -

It calls -

We call -

You call-

They call-

Here are the answers:

To call - dzwonić

I call - ja dzwonię

You call - ty dzwonisz

He calls - on dzwoni

She calls - ona dzwoni

It calls - ono dzwoni

We call - my dzwonimy

You call - wy dzwonicie

They call - oni/one dzwonią

Excellent! You have just learned how not to get lost in the sea of Polish grammar! That is a huge step towards fluency in conversation.

Basic Polish verbs

You are about to learn the most important and useful Polish verbs that will give your fluency a boost! Of course, there are no shortcuts like in the previous part—you need to learn all these verbs by heart. Fortunately, you will learn them in the context of a sentence. Of course, you don't have to memorize all the sentences—

they are here to show you the situation in which the verb can be used. It is a pretty long list, so take your time and go through it at least three times. You can go back to it every day. Good luck!

Być – to be (Jestem Paula. – I am Paula.)

Mieć – to have (Mam kota. – I have a cat)

Iść – to go (Idę do sklepu. – I'm going to the store.)

Robić – to do/to make (Robię zakupy. – I'm doing shopping.)

Próbować – to try (Próbowałem wiele razy. – I've tried many times.)

Pomagać – to help (Pomagam tacie. – I'm helping my dad.)

Grać/bawić się – to play (Lubię bawić się na dworze. – I like playing outside.)

Spacerować – to walk (Lubisz spacerować? – Do you like walking?)

Uczyć się – to learn (W szkole muszę się uczyć. – I have to learn at school.)

Mieszkać – to live (Mieszkam w mieście. – I live in a city.)

Pracować – to work (Pracuję w dużej firmie. – I work in a big company.)

Jeść – to eat (Chodźmy coś zjeść! – Let's go eat something!)

Pić – to drink (Ona wypiła już kawę. – She has already drunk her coffee.)

Pisać – to write (Piszę e-mail. – I'm writing an e-mail.)

Czytać – to read (On czyta książkę. – He's reading a book.)

Liczyć – to count (Mogę na ciebie liczyć? – Can I count on you?)

Rysować – to draw (Uczę się rysować. – I'm learning how to draw.)

Malować – to paint (Oni malują. – They're painting.)

Widzieć - to see (Nie widzę go. - I can't see him.)

Wyglądać/spoglądać - to look (Dobrze wyglądasz! - You look good!)

Oglądać - to watch (Oglądam telewizję - I'm watching TV.)

Słyszeć - to hear (Usłyszałem dziwny głos. - I've just heard a strange voice.)

Słuchać - to listen (Słuchamy muzyki. - We're listening to music.)

Spać - to sleep (Idę spać. - I'm going to sleep.)

Gotować - to cook (Umiesz gotować? - Can you cook?)

Sprzątać - to clean (Muszę dzisiaj sprzątać mieszkanie. - I have to clean the flat today.)

Podróżować - to travel (Podrózuję do Chin. - I'm traveling to China.)

Jechać - to drive (Jadę do domu. - I'm driving home.)

Latać - to fly (Chciałbyś polecieć do Londynu? - Would you like to fly to London?)

Pływać - to swim (Nie umiem pływać. - I can't swim.)

Biegać - to run (Ona teraz biega. - She's running now.)

Siedzieć - to sit (Usiądźcie. - Sit down.)

Rozpoczynać - to begin (Przedstawienie zaczyna się o 8:00. - The show begins at 8 AM.)

Stać - to stand (Stań tutaj. - Stand here.)

Kłaść - to put (Gdzie mogę położyć tę paczkę? - Where can I put this parcel?)

Wychodzić - to leave (Właśnie wychodziliśmy. - We were just leaving.)

Przychodzić - to come (Przyjdź do mojego biura o 9:00. - Come to my office at 9 AM.)

Śpiewać - to sing (Nie umiem śpiewać. - I can't sing.)

Tańczyć - to dance (Zatańczymy? - Shall we dance?)

Pamiętać - to remember (Pamiętaj o mnie. - Remember about me.)

Zapominać - to forget (Zapomniałem o spotkaniu! - I've just forgotten about the meeting!)

Wybierać - to choose (Wybierz jedną opcję. - Choose one option.)

Zamykać - to close (Zamknij drzwi, proszę. - Close the door, please.)

Otwierać - to open (Czy mógłbyś otworzyć okno? - Could you open the window?)

Tworzyć - to create (Stwórzmy własny projekt! - Let's create our own project!)

Budować - to build (On buduje dom. - He's building a house.)

Pokazywać/przedstawiać - to show (Pokażesz mi? - Can you show me?)

Czuć - to feel (Czuję się dobrze. - I feel good.)

Czuć/wąchać - to smell (Czuję coś dziwnego. - I'm smelling something strange.)

Smakować/próbować - to taste (Spróbuj tej zupy. - Taste this soup.)

Myśleć - to think (Myślę, że... - I think that...)

Rosnąć - to grow (Dzieci rosną bardzo szybko. - Children grow very fast.)

Myć - to wash (Muszę umyć samochód. - I need to wash my car.)

Wierzyć - to believe (Wierzę, że... - I believe that...)

Mówić - to speak (Mów głośniej! - Speak up!)

Powiedzieć - to say (Powiedz coś! - Say something!)

Rozmawiać - to talk (Możemy teraz porozmawiać? - Can we talk now?)

Dawać - to give (Czy mógłbyś mi to dać? - Could you give me this?)

Brać - to take (Muszę wziąć dzień wolnego. - I have to take a day off.)

Pożyczać - to borrow (Pożyczysz mi swój samochód? - Could you borrow me your car?)

Pożyczać - to lend (Pożyczę ci mój samochód. - I will borrow you my car.)

Skakać - to jump (On skacze bardzo wysoko. - He's jumping very high.)

Odejść - to quit (Odchodzę! - I quit!)

Uderzyć - to hit (Mocno mnie uderzyła! - She hit me hard!)

Strzelać - to shoot (Strzelaj! - Shoot!)

Kupować - to buy (Chcę kupić nowy samochód. - I want to buy a new car.)

Sprzedawać - to sell (Muszę sprzedać dom. - I have to sell my house.)

Wymieniać - to exchange (Czy mogę wymienić pieniądze? - Can I exchange my money?)

Wygrywać - to win (Moja drużyna wygrała zawody! - My team won the competition!)

Przegrywać - to lose (Moja drużyna przegrała zawody - My team lost the competition.)

Rozumieć - to understand (Rozumiesz? - Do you understand?)

Uczyć – to teach (Uczę w szkole podstawowej. – I teach at primary school.)

Łapać – to catch (Łap piłkę! – Catch the ball!)

Well done! You have learned the most important Polish verbs. Before you start a new part, check how many verbs you remember:

To read –

To do –

To buy –

To sell –

To learn –

To borrow –

To win –

To talk –

To watch –

To choose –

To open –

To build –

To swim –

To write –

To exchange –

To show –

To smell –

To run –

To give –

Very good! You are a pro!

Modal Verbs

These are verbs that require using another verb in an infinitive form (a form without a person). Can you think of any modal verbs in English? Just look at the first word in the previous sentence, and you will find the first English modal verb! Here are the English modal verbs:

I **can** do it.

I **must** do it.

I **should** do it.

Can you see the pattern? As previously mentioned, modal verbs require using a different verb. Polish modal verbs act similarly. They just require another verb that is in its infinitive form. Here are some examples:

Mogę to zrobić.

Muszę to zrobić.

Powinienem to zrobić.

There are two main differences. Firstly, the Polish word order is quite free, so sometimes the sentences will look slightly different from the English translations. Nevertheless, the pattern is the same—you just need a modal verb and a second verb in the infinitive form. Secondly, you need to conjugate the modal verb according to the person, gender, and number.

Can - móc

I can - ja mogę

You can - ty możesz

He can - on może

She can - ona może

It can - ono może

We can - my możemy

You can - wy możecie

They can - oni/one mogą

Must - musieć

I must - ja muszę

You must - ty musisz

He must - on musi

She must - ona musi

It must - ono musi

We must - my musimy

You must - wy musicie

They must - oni/one muszą

That is it! Modal verbs are not that scary, but you need to remember to conjugate them.

Reflexive verbs

You have basically acquired the essence of Polish verbs. However, there is one more group of Polish verbs that you need to know. They are called *reflexive verbs*. You can easily find such verbs in English. These are the ones that require adding a reflexive pronoun like *yourself/myself/themselves,* etc. Can you think of an example of an English reflexive verb? Think for a moment.

You have probably found many examples. English reflexive verbs require the pronoun that changes according to the person. For example, you say *I wash myself,* but you have to say *she washes herself, we wash ourselves,* and so on. In Polish, however, the situation is very simple. Instead of using a pronoun after the verb, you just add the word *się,* and that is basically it. Isn't it simple? If only the rest of Polish grammar was that simple... Here are some examples:

To wash oneself – myć się

I wash myself – ja myję się
You wash yourself – ty myjesz się
He washes himself – on myje się
She washes herself – ona myje się
It washes itself – ono myje się
We wash ourselves – my myjemy się
You wash yourselves – wy myjecie się
They wash themselves – oni/one myją się

To help oneself – częstować się

I help myself – ja częstuję się
You help yourself – ty częstujesz się
He helps himself – on częstuje się
She helps herself – ona częstuje się
It helps itself – ono częstuje się
We help ourselves – my częstujemy się
You help yourselves – wy częstujecie się
They help themselves – oni/one częstują się

Now, it is time to practice!

Exercise: Try to conjugate *kąpać się* (meaning similar to *myć się* [to wash oneself]). There will be some slight changes in spelling, but don't get discouraged if you make a mistake—you are here to learn how to add the reflexive pronoun.

To wash oneself – kąpać się

I wash myself –
You wash yourself –
He washes himself –

She washes herself –

It washes itself –

We wash ourselves –

You wash yourselves –

They wash themselves –

The answers:

To wash oneself – kąpać się

I wash myself – kąpię się

You wash yourself – kąpiesz się

He washes himself – kąpie się

She washes herself – kąpie się

It washes itself – kąpie się

We wash ourselves – kąpiemy się

You wash yourselves – kąpiecie się

They wash themselves – kąpią się

Congrats! You have made huge progress.

Tenses

You have learned Polish verbs! Well done! Yet you probably know that verbs can be expressed in different tenses—past, present, and future. In English, many grammatical tenses are used to express different contexts. In Polish, however, there are only three tenses—past, present, and future. What is more, the Polish verbs have two different aspects.

You need to know that the whole concept of Polish tenses is rather different from what you know from your mother tongue. Just look carefully at some examples to see how Polish tenses work.

In Polish, you can use the same structure to express different situations:

Myję zęby każdego dnia. - <u>I brush</u> my teeth every day.

<u>Myję zęby</u> teraz. - <u>I am brushing</u> my teeth now.

<u>Myję</u> zęby od siedmiu lat. - <u>I have brushed</u> my teeth for seven years.

<u>Myję</u> zęby od siedmiu lat - <u>I have been brushing</u> my teeth for seven years.

<u>Robię</u> zadania domowe w weekendy. - <u>I do</u> my homework on weekends.

<u>Robię</u> zadania domowe. - <u>I am doing</u> my homework.

<u>Robię</u> zadania domowe odkąd poszedłem do szkoły - <u>I have been doing</u> my homework since I went to school.

<u>Robię</u> zadania domowe odkąd poszedłem do szkoły - <u>I have done</u> my homework since I went to school.

Polish does not have the continuous and perfect aspect. The concepts can be expressed similarly. The same pattern applies to the past, yet the verb has to be in the past form:

Zrobiłem/zrobiłam zadanie domowe wczoraj. - *I did* my homework yesterday.

Robiłem/robiłam zadanie domowe kiedy zadzwonił telefon. - *I was doing* my homework when the telephone rang.

Zrobiłem/zrobiłam właśnie zadanie domowe. - *I have just done* my homework.

Nie wiedziałem/wiedziałam czemu dostałem 1, ponieważ *zrobiłem/zrobiłam* zadanie domowe. - I didn't know why I got an E because I *had done* my homework.

Now look at some future forms:

Zrobię zadanie domowe. - *I will do* my homework.

Zrobię zadanie domowe zanim mama przyjedzie. - *I will have done* my homework by the time my mom comes back.

To sum up, Polish is different from English in terms of tenses. It is not a huge difference, but you need to be aware of it to avoid confusion in the future. This book won't give you more complicated metalinguistic explanations since you don't need any. Just focus on the basics and try to learn some useful things!

Quiz

Before moving on to chapter three, which is all about conversations in Polish, here is a short quiz. A quick revision always helps to remember more!

Exercise 1 - Try to conjugate the verbs based on the tips that you have been given.

To do – robić

I do

You do

He does

She does

It does

We do

You do

They do

To read – czytać

I read

You read

He reads

She reads

It reads

We read

You read

They read

Exercise 2 - Try to conjugate the reflexive verb.

To help oneself - częstować się

I help myself -

You help yourself -

He helps himself -

It helps itself -

We help ourselves -

You help yourselves -

They help themselves -

Exercise 3 - Guess the meaning of the verbs provided.

To run -

To give -

To take -

To jump -

To dance -

To leave -

To put -

To understand -

To hit -

To shoot -

To sit -

To begin -

To create -

Exercise 4 - Try to conjugate modal verbs:

Can - móc

I can -

You can -

He can -

She can -

It can -

We can -

You can -

They can -

Must – musieć

I must -

You must -

He must -

She must -

It must -

We must -

You must -

They must -

Chapter 3 – Let's Talk

Congratulations! You have managed to go through the first two chapters, which introduced you to the foundations of the Polish language. Now it is time to put your knowledge into practice! This chapter mainly focuses on communication. You will learn how to have a basic conversation in Polish, how to order a meal, how to ask for directions, and much more!

Greetings

In this part, you will learn how to say hi to friends, your boss, or some strangers on the street.

Polish people have a set of greetings similar to the English ones with one main exception—there is no *good afternoon*. Instead, Polish people use a more general expression that can be literally translated as *good day*:

Dzień dobry! – Good morning/Good afternoon!

Repeat:

Dzień dobry! – Good morning/Good afternoon!

Dzień dobry is used for morning and afternoons, yet when it gets dark, Polish people use:

Dobry wieczór! – Good evening!

Repeat it twice:

Dobry wieczór! – Good evening!

Dobry wieczór! – Good evening!

If you want your greeting to be extremely formal, you can add something like *Mr./Mrs.* or *Ms.* and the name of the person you want to greet:

Dzień dobry Pani ... – Good morning Mrs./Ms. ...
Dzień dobry Panie ... – Good morning Mr. ...

And now repeat the expression and add a name of your choice to it:

Dzień dobry Pani ... – Good morning Mrs./Ms. ...
Dzień dobry Panie ... – Good morning Mr. ...

You can also formalize your dobry wieczór. Just add *Pani/Panie* and the name of your choice:

Dobry wieczór Pani ... – Good evening Mrs./Ms. ...
Dobry wieczór Panie ... – Good evening Mr. ...

Now repeat the expressions with names:

Dobry wieczór Pani ... – Good evening Mrs./Ms. ...
Dobry wieczór Panie ... – Good evening Mr. ...

These were some formal greetings. Of course, Polish people have some informal greetings too! The most common one is:

Cześć! – Hello/Hi!

At this point, you might have problems with the pronunciation. So to repeat your cześć at least five times. Remove your foreign accent once and for all!

Cześć!
Cześć!
Cześć!
Cześć!
Cześć!

Before you start saying *cześć* to everyone, you need to know one more thing. The Polish *cześć* differs from the English *hi/hello* in terms of use. Don't say *cześć* to address an older person you don't know (even a waiter or a shop assistant). When you are at work or school, always say *dzień dobry* to your boss, supervisor, or teacher. Even lecturers at a university always greet their students with *dzień dobry*! What is more, teachers say *dzień dobry* when they enter a classroom full of small kids. Generally, even if you have known the teacher for a while, you have to say *dzień dobry*.

Polish people use cześć to say goodbye. So, cześć is a really universal word.

Cześć! – Bye!

Remember, Cześć is rather informal, so if you want to say goodbye to your teacher/boss, etc., you have to use:

Do widzenia! – Goodbye!

Repeat it four times to acquire the sound at the end:

Do widzenia! – Goodbye!

Do widzenia! – Goodbye!

Do widzenia! – Goodbye!

Do widzenia! – Goodbye!

Of course, if you want a highly formal expression, you can add Pani/Panie + a name.

Do widzenia Pani ... – Goodbye Mrs./Ms. ...

Do widzenia Panie ... – Goodbye Mr. ...

Repeat the expressions twice:

Do widzenia Pani ... – Goodbye Mrs./Ms. ...

Do widzenia Panie ... – Goodbye Mr. ...

Do widzenia Pani ... – Goodbye Mrs./Ms. ...

Do widzenia Panie ... – Goodbye Mr. ...

After you say your dzień dobry or cześć, you need to proceed with the conversation. English people always use stuff like how do you do?/how are you? Polish people have similar expressions, yet you need to be careful with them (which is explained in a moment).

Co tam?/Co u ciebie? - How are you?/How do you do?

Repeat the expressions:

Co tam?/Co u ciebie? - How are you?/How do you do?

Co tam?/Co u ciebie? - How are you?/How do you do?

When you ask a Polish person *co tam/co tam u ciebie*, do not expect an answer like *fine, good,* etc. A Polish person will usually start to talk about his/her life in general (school, work, family, important events). So, the Polish *co tam* usually starts a conversation about life, whereas the English *how are you* is a natural follow-up after *hi/hello*.

You have just learned how to start a conversation! Now, it is time to practice!

Exercise: Try to greet different Polish people. Use a suitable greeting.

Greet your teacher

Greet your mom

Greet your friend

Greet your lecturer

Greet a shop assistant that is older than you

Greet your uncle

Greet a waiter in a restaurant

Greet your coworker

Greet your boss

Exercise: Say goodbye in Polish to:

Your parents

Your teacher

Your waiter at a restaurant

Your friend

A shop assistant

Your boss

Very good! You should be getting more and more confident. Before you finish the topic of greetings, here are some colloquial greetings that are used mainly by Polish teenagers and young adults:

Siema! - Hey!

Elo! - Yo! (a very informal form of addressing your close friends)

Jak leci? - What's up?

Trzymaj się! - Take care!

Na razie! - Bye!

Dzięki! - Thanks!

Spoko!/Ok!/Okej! - Ok!/No problem! (Polish people say *ok* very often)

Repeat:

Siema! - Hey!

Elo! - Yo!

Jak leci? - What's up?

Trzymaj się! - Take care!

Na razie! - Bye!

Dzięki! - Thanks!

Spoko!/Ok!/Okej! - Ok!/No problem!

Introducing Yourself

You have already learned how to greet different people, so it is time to introduce yourself. Did you know that there are many ways of introducing yourself in Polish?

The most common way of saying your name in Polish is just saying your name. It is the most natural way of introducing yourself. If you want to get more sophisticated, you can say *jestem*, which means *I am*. Easy, right?

Exercise: Try to introduce yourself in Polish now.

Jestem + your name

The second way is even more sophisticated. Here you need to say *mam na imię...* which means *my name is...* Good! Don't forget to add your name!

Exercise: Try to introduce yourself in Polish using *mam na imię* now.

Now try the most formal way of introducing yourself in Polish! Remember: this way is used only during some formal events. If you want to introduce yourself formally, you need to say *nazywam się* + your full name [first name and surname]; for example, *Nazywam się Tomasz Kowalski*.

Exercise: Try to introduce yourself in Polish using *nazywam się* now.

You have just learned how to introduce yourself in Polish. Don't forget that the most common informal way is simply saying your name, and stick with this version while taking part in a casual conversation. You can't sound artificial. When it comes to some formal situations like business lunches, etc., it is better to introduce yourself with phrases like *jestem, mam na imię,* or *nazywam się*.

Exercise: Try to introduce yourself in different ways.

You have learned how to introduce yourself, yet you need to know how to ask somebody about his/her name. At least you need to understand the question to be able to introduce yourself.

There are two main ways of asking this question. You can say a phrase *jak masz na imię,* which means *what is your name?* If you ask this question, the person will always say only their first name. Try asking this question now.

Exercise: Ask the person what his/her name is in Polish.

The second, more formal way is using the phrase *jak się nazywasz?* If you say this phrase, the person will probably say his/her full name. In other words, you can expect something like *nazywam się* + full name.

Exercise: Ask the person what his/her name is in Polish (in a formal way).

It is time to introduce yourself again! When you hear *jak masz na imię?* you can say *jestem* + your name or *mam na imię* + your name. When you hear *jak się nazywasz?* you usually say *nazywam się* + your full name. Make these phrases work in practice:

Exercise: Try to answer in Polish to some questions.

Jak masz na imię?

Jak się nazywasz?

Jak masz na imię?

Jak się nazywasz?

Hopefully, you can clearly see the difference. Remember that you do not have to say these phrases when introducing yourself. You can just say your name, and it will be fine!

Stop here for a moment and summarize what you have already learned. You can introduce yourself, ask a person about his/her name, and successfully reply to the question as well. However, you need to keep going since the conversation can't end after some short introduction.

A person has just asked you about your name, and you replied. Now it is time to ask the question. Using the same phrase would sound artificial, so you can simply say *a ty?* which means *and you?*

Exercise: Try to introduce yourself and ask someone to introduce himself/herself.

However, you have not finished yet! Go back to some formal stuff. Remember how to ask a person about his/her full name? You need to say *jak się nazywasz?* If you don't know someone at a formal event, you need to use a phrase like

Jak się Pan/Pani nazywa? – What is your name? (formal)

Very good! You have learned all the ways of introducing yourself in Polish. Now it is time to gather all these different ways together and use them in some context. You are about to ask different people about their names, yet you need to remember about using formal and informal patterns.

Exercise: Try to ask about a person's name based on the provided context:

A new person in your class

Your father's friend from school

Your new teacher

Your new boss

A random person you've just met in a restaurant

A new member of your sports team

A new coworker

A policeman

Casual talk

So, the conversation is progressing, and you need to be able to ask some additional questions. Greeting someone and introducing yourself is a good beginning, yet you need to say more than that. This book will teach you different expressions and questions that will give you the foundations of Polish conversation. In this part, you will learn how to ask a person about age, nationality, place of living, language, and opinion!

You will start with a question about age. In Polish, it sounds like this:

Ile masz lat?

Repeat this question three times:

Ile masz lat?

Ile masz lat?

Ile masz lat?

Now it is time to say how old you are. There are two ways of telling your age. You can simply tell the number, or you can use the phrase:

Mam... lat.

Even though the phrase can be translated into English as *I'm... years old*, you can probably see the difference. Polish people do not use the verb *być* [to be] while telling the age. Instead, they use *mieć* [to have]. A literal translation would be *I have... years*. Before you start the exercise, go back to the part about numbers because you will need them in a moment. If you remember them, you can start the exercise now.

Exercise: Try to tell in Polish how old you are using different numbers.

I am 18 years old.

I am 54 years old.

I am 33 years old.

I am 97 years old.

I am 6 years old.

I am 45 years old.

I am 23 years old.

Now tell your age.

However, there is a formal way of asking a person about the age. You need to use the pronouns *Pan/Pani/Państwo*.

Ile ma Pan/Pani lat?

Ile mają Panie/Panowie/Państwo lat?

Repeat:

Ile ma Pan/Pani lat?

Ile mają Panie/Panowie/Państwo lat?

Exercise: Ask about someone's age politely based on the context provided.

A woman

A man

A group of women

A group of men

A group of men and women

Language

Imagine that you have just entered a foreign country. The first question you will probably ask is one about language. This is the most common introductory question in a foreign conversation. If you don't feel confident enough to have a conversation in Polish, you will be able at least to say that you don't speak the language. If you want to ask someone if he/she speaks a particular language, you need to say:

Mówisz po angielsku? – Do you speak English?

Mówisz po polsku? – Do you speak Polish?

And now look at the formal ways:

Czy mówi Pan po angielsku? (one male)

Czy mówi Pani po angielsku? (one female)

Czy mówią Panie po angielsku? (two or more females)

Czy mówią Panowie po angielsku? (two or more males)

Czy mówią Państwo po angielsku? (two or more males and females)

Czy mówi Pan po polsku? (one male)

Czy mówi Pani po polsku? (one female)

Czy mówią Panie po polsku? (two or more females)

Czy mówią Panowie po polsku? (two or more males)

Czy mówią Państwo po polsku? (two or more males and females)

It is better to use formal forms if you don't know the person and he/she is older than you. Polish people use formal questions quite frequently.

Now it is time to tell someone that you speak/don't speak Polish/English.

If you want to say that you **speak** Polish/English, you need to use:

Mówię po angielsku. - I speak English.

Mowię po polsku. - I speak Polish.

Repeat:

Mówię po angielsku. - I speak English.

Mowię po polsku. - I speak Polish.

If you want to say that you **don't speak** Polish/English, you need to use:

Nie mówię po angielsku. - I don't speak English.

Nie mówię po polsku. - I don't speak Polish.

If you want to say that you **don't speak** Polish/English **very well**, you need to use:

Nie mówię dobrze po angielsku. - I don't speak English very well.

Nie mówię dobrze po polsku. - I don't speak Polish very well.

Exercise: Try to say the following phrases in Polish:

Do you speak English? (informal way)

Do you speak Polish? (male, formal way)

Do you speak English? (female, formal way)

Do you speak Polish? (males, formal way)

Do you speak English? (females, formal way)

Do you speak Polish? (males and females, formal way)

I speak Polish.

I speak English.

I don't speak Polish.

I don't speak English.

I don't speak Polish very well.

I don't speak English very well.

Very good! You have just learned one of the most useful phrases.

Nationality and place of living

In this part, you will learn how to ask a person about his/her nationality, place of living, and address. Start from a broad context. If you want to ask a person about his/her nationality, you need to say:

Skąd pochodzisz? - Where are you from?

If you want to be polite, you need to say:

Skąd Pan/Pani pochodzi?

Skąd Panowie/Panie/Państwo pochodzą?

If you want to tell someone where you are from, you need to say:

Pochodzę z ... - I am from ...

Exercise: Try to ask the questions and say the phrases in Polish.

Where are you from?

Where are you from? (polite, male)

Where are you from? (polite, female)

Where are you from? (polite, males)

Where are you from? (polite, females)

Where are you from? (polite, males and females)

I come from ...

Now you will learn how to ask a person about his/her place of living. If you want to do that, you need to say:

Gdzie mieszkasz? - Where do you live?

If you want to keep the formal style, you need to use the following phrases:

Gdzie Pan/Pani mieszka? - Where do you live? (one male/one female)

Gdzie Panie/Panowie/Państwo mieszkają? - Where do you live? (females/males/males and females)

If you want to tell someone where you live, you need to use the following phrase:

Mieszkam w/na... (city/region etc.) - I live in...

Exercise: Try to say the following phrases in Polish:

Where do you live?

Where do you live? (male)

Where do you live? (female)

Where do you live? (males)

Where do you live? (females)

Where do you live? (males and females)

If you want to ask someone about his/her address, you just simply ask:

Jak jest twój adres? - What is your address?

If you want to keep the formal style, you have to ask the following questions:

Jaki jest Pana adres?
Jaki jest Pani adres?
Jaki jest Państwa adres?

If you want to reply, you just simply say your address. It is the most common way used both in formal and informal styles.

You have just learned another ingredient of an initial conversation! In the next part, you will learn more advanced questions and phrases. However, before you start...

Exercise: Try to say the following phrases in Polish:

Where are you from?

Where are you from? (polite, male)

Where are you from? (polite, female)

Where are you from? (polite, males)

Where are you from? (polite, females)

Where are you from? (polite, males and females)

I come from ...

Where do you live?

Where do you live? (male)

Where do you live? (female)

Where do you live? (males)

Where do you live? (females)

Where do you live? (males and females)

Jak jest twój adres?

Jaki jest Pana adres?

Jaki jest Pani adres?

Jaki jest Państwa adres?

Opinion

You have already learned some introductory questions and phrases that can help you start your conversation in Polish. This is the last part that will teach you the basic Polish conversation. After this subchapter, you will take part in some real situations that can happen during a trip to Poland. Here you will learn how to express your opinion (likes/dislikes) and how to ask a person about his/her opinion on a particular thing or activity. It is a very useful conversational skill since it can help you proceed with the conversation and avoid uncomfortable silences due to limited language skills.

You can ask someone about his/her likes/dislikes in many ways, but you will start with the simple way. In Polish, it looks like this:

Co lubisz? – What do you like?

Co lubisz najbardziej? – What do you like the most?

A formal version looks like this:

Co Pan/Pani lubi (najbardziej)? – What do you like (the most)?

Co Panie/Panowie/Państwo lubią (najbardziej)? – What do you like (the most)?

If you want to share your opinion, you can say:

Lubię... – I like...

Najbardziej lubię... – I like... the most.

Nie lubię... – I don't like...

Najbardziej nie lubię... – I don't like... the most

You can use the Polish *lubię/nie lubię* to express an opinion on activities, too. However, these questions are constructed differently when compared to English. See how they work.

Try to say that you like *ciasto* [a cake].

Lubię ciasto.

Now, try to say that you don't like cake.

Nie lubię ciasta.

Have you noticed the difference? In the second phrase, *ciasto* changed into *ciasta*. Why? Because the phrase nie lubię [I don't like] requires using a different case of the noun. Polish cases are really complicated and you don't need to learn them at the beginning of your language journey. Just keep in mind that they exist somewhere. Even if you say *nie lubię ciasto* (which is incorrect), your message will be understood anyway—you will just sound foreign.

Now, try to say that you like playing football.

Lubię grać w piłkę nożną.

Now you don't like playing football:

Nie lubię grać w piłkę nożną.

Here nothing has changed. When talking about activities, the Polish *lubię/nie lubię* phrases always require an infinitive form of a verb. So, the literal translation into English would look like this: *I like to play football/I don't like to play football.*

Exercise: Try to say the following phrases in Polish.

I like cake.

I don't like cake.

I like to play football.

I don't like to play football.

You have just learned the basics of Polish conversation. Now it is time for a longer exercise—you need to join all the elements together and practice them for a little while.

Exercise: Try to say the following phrases in Polish.

Hi!

Good morning!

Good evening!

Good morning, Mr....

Good evening, Mrs...

How are you?

Bye!

Goodbye, Mr...

Goodbye, Mrs...

Do you speak English?

Do you speak Polish?

Do you speak English? (formal)

Do you speak Polish? (formal)

Where do you live?

I live in...

Where are you from?

I am from...

What is your name?

What is your name? (formal, male)

What is your name? (formal, female)

I am...

My name is...

My name is (formal + full name)

How old are you?
How old are you? (formal, male)
How old are you? (formal, female)
I am 23 years old.
I am 45 years old.
I am 19 years old.
I am 56 years old.
What is your address?
What is your address? (formal, male)
What is your address? (formal, female)
What is your address? (formal, male and female)
I like cake.
I don't like cake.
I like to play football.
I don't like to play football.
What do you like?
What do you like the most?
What do you like? (formal, male)
What do you like? (formal, female)

That was a long exercise, but hopefully, you nailed it! As stated, it is time to move on to some real-life situations. In the following subchapters, you will be introduced to some dialogues that may happen in a restaurant, at a hotel or a bar. After familiarizing yourself with the dialogue, you will have a chance to practice and use your language skills.

In the restaurant

Before you start practicing real conversations, there are a couple of things you need to know about the organization of the lessons you are about to take part in. Each lesson will contain some dialogues. The first dialogue will be in Polish with an English translation. The second dialogue will be the same but without the English translations. After getting familiarized with the dialogues, you will have the chance to do some interactive exercises.

When it comes to vocabulary, go to the last chapter of the book since it contains the most useful vocabulary from each topic. You will find some extra words that you may find useful, especially at the beginning of your language journey.

Some dialogues will be more difficult than others, but don't get discouraged. Go through them multiple times, and you will gradually become more fluent in Polish.

When you visit a foreign country, you want to try its cuisine. You need to remember that some restaurants in Poland don't offer service in English. Of course, the most popular ones that are located in big cities will definitely hire waiters that speak fluent English. However, if you decide to spend some time in the countryside and go to a local restaurant, you might get surprised. That is why you need to be able to talk to your waiter in Polish!

DIALOGUE 1:

Dzień dobry! **Chciałbym/chciałabym** zamówić stolik dla dwóch osób. - Hello, I'd like to book a table for two people.

Dzień dobry, oczywiście. Na którą godzinę? - Hello, of course. What time?

Na osiemnastą. - 6 PM.

Ok. Czy mogę prosić o nazwisko? - Ok. Can I have your last name, please?

Oczywiście, Nowak. - Sure, Nowak.

Dziękuję bardzo i do zobaczenia. - Thank you and goodbye.

Do zobaczenia. - Goodbye.

That was the first dialogue! If you missed something, go through the dialogue once again. If you are a female, you need to say *chciałabym* instead of *chciałbym* at the beginning.

DIALOG 1 (WITHOUT TRANSLATIONS):

Dzień dobry! **Chciałbym/chciałabym** zamówić stolik dla dwóch osób.

Dzień dobry, oczywiście. Na którą godzinę?

Na osiemnastą.

Ok. Czy mogę prosić o nazwisko?

Oczywiście, Nowak.

Dziękuję bardzo i do zobaczenia.

Do zobaczenia.

Now it is time to do a quick exercise. Your lines have been removed from the dialogue, and you will have to say them!

EXERCISE 1:

Dzień dobry, oczywiście. Na którą godzinę?

Ok. Czy mogę prosić o nazwisko?

Dziękuję bardzo i do zobaczenia.

Now go through the dialogue once again and change the time and the number of people. Don't forget to say your real surname.

EXERCISE 2:

Dzień dobry, oczywiście. Na którą godzinę?

Ok. Czy mogę prosić o nazwisko?

Dziękuję bardzo i do zobaczenia.

Now it is time to order your first meal and something to drink!

DIALOGUE 2:

Dzień dobry! Czy mogę przyjąć zamówienie? - Hello! Can I take your order?

Tak, chciałbym/chciałabym zamówić pierogi. - Yes, I would like to order pierogi.

Oczywiście. Czy coś do picia? - Sure, something to drink?

Tak, poproszę kawę. - Yes. Coffee, please.

Czy coś jeszcze? - Anything else?

Nie, dziękuję. To wszystko na tę chwilę. - No, thanks. That's all for now.

DIALOGUE 2 (WITHOUT TRANSLATIONS):

Dzień dobry! Czy mogę przyjąć zamówienie?

Tak, chciałbym/chciałabym zamówić pierogi.

Oczywiście. Czy coś do picia?

Tak, poproszę kawę.

Czy coś jeszcze?

Nie, dziękuje. To wszytko na tę chwilę.

Do you remember the dialogue? Keep in mind that you need to use *chciałabym* instead of *chciałbym* if you are female. Are you ready for some interaction?

EXERCISE 1:

Dzień dobry! Czy mogę przyjąć zamówienie?

Oczywiście. Czy coś do picia?

Czy coś jeszcze?

Now talk to your waiter once again but order something different.

EXERCISE 2:

Dzień dobry! Czy mogę przyjąć zamówienie?

Oczywiście. Czy coś do picia?

Czy coś jeszcze?

Before you leave the restaurant, you need to pay, of course. You need to remember that Polish service differs from the English one. Usually, your waiter won't be coming to you every ten minutes. Sometimes you need to tell your waiter that you want to pay and leave the restaurant.

DIALOG 3:

Chciałbym/chciałabym zapłacić. - I'd like to pay.

Oczywiście. To będzie trzydzieści złotych. - Of course. That will be 30 zlotych.

Czy mogę zapłacić kartą? - Can I pay with credit card?

Niestety, tylko gotówką. - Only cash here, sorry.

Nie ma problemu. Proszę. - No problem. Here you are.

Dziękuję bardzo. Czy smakował posiłek? - Thank you very much. Did you enjoy the meal?

Tak. Był bardzo pyszny! Dziękuję. - Yes. It was delicious. Thanks.

Dziękujemy i zapraszamy ponownie. - Thank you and see you next time.

Do widzenia. - Goodbye.

DIALOGUE 3 (WITHOUT TRANSLATIONS):

Chciałbym/chciałabym zapłacić.

Oczywiście. To będzie trzydzieści złotych.

Czy mogę zapłacić kartą?

Niestety, tylko gotówką.

Nie ma problemu. Proszę.

Dziękuję bardzo. Czy smakował posiłek?

Tak. Był bardzo pyszny! Dziękuję.

Dziękujemy i zapraszamy ponownie.

Do widzenia.

That was quite long, but hopefully, you remembered everything.

EXERCISE 1:

Oczywiście. To będzie trzydzieści złotych.

Niestety, tylko gotówką.

Dziękuję bardzo. Czy smakował posiłek?

Dziękujemy i zapraszamy ponownie.

You have just learned how to survive in a Polish restaurant! You can book a table, order a meal, and pay! If you are not confident enough, you can go back to the dialogues and practice them multiple times. If you did great, you can move on to the next part.

At the airport

Polish airports are quite small compared to English or American ones. Even though the staff speaks fluent English, itis better to know some Polish phrases to avoid misunderstandings in some situations.

DIALOGUE 1:

Dzień dobry. Czy mogę zobaczyć Pana/Pani paszport? - Hello, may I see your passport, please?

Oczywiście, proszę. - Sure, here you are.

Dziękuję. Proszę położyć walizkę tutaj. - Thanks. Please put your luggage here.

Oczywiście. - Of course.

Proszę, oto Pana/Pani paszport. Miłego lotu. - Here is your passport. Have a nice flight.

Dziękuję bardzo. - Thank you very much.

So you have just registered your baggage. It is time to practice the dialogue without translations.

DIALOGUE 2 (WITHOUT TRANSLATIONS):

Dzień dobry. Czy mogę zobaczyć Pana/Pani paszport?

Oczywiście, proszę.

Dziękuję. Proszę położyć walizkę tutaj.

Oczywiście.

Proszę, oto Pana/Pani paszport. Miłego lotu.

Dziękuję bardzo.

EXERCISE 1:

Dzień dobry. Czy mogę zobaczyć Pana/Pani paszport?

Dziękuję. Proszę położyć walizkę tutaj.

Proszę, oto Pana/Pani paszport. Miłego lotu.

Your baggage is registered. If you got lost and you want to add some questions at the airport, here is a list of the most common expressions that may be helpful at the Polish airport. Go through them slowly and carefully. Focus on the pronunciation:

Przepraszam, gdzie jest strefa wolnocłowa? - Excuse me, where is the duty-free zone?

Przepraszam, gdzie jest hala odlotów? - Excuse me, where is the departure lounge?

Zgubiłem/Zgubiłam mój bagaż. - I've lost my luggage.

Czy mogę to zabrać jako bagaż podręczny? - Can I take this along as hand luggage?

Przykro mi, nie może Pan/Pani tego zabrać. - I'm sorry, you can't take this.

Chcę zabrać swój bagaż. - I want to take my luggage.

Proszę zapiąć pasy bezpieczeństwa. - Please, fasten your seat belts.

Prosimy nie zostawiać bagażu bez nadzoru. - Please, don't leave your luggage unattended.

Now repeat the phrases once again:

Przepraszam, gdzie jest strefa wolnocłowa?

Przepraszam, gdzie jest hala odlotów?

Zgubiłem/Zgubiłam mój bagaż.

Czy mogę to zabrać jako bagaż podręczny?

Przykro mi, nie może Pan/Pani tego zabrać.

Chcę zabrać swój bagaż.

Proszę zapiąć pasy bezpieczeństwa.

Prosimy nie zostawiać bagażu bez nadzoru.

Exercise: Say the phrases in Polish.

Ask where the duty-free zone is.

Ask where the departure lounge is.

Say that you want to take your luggage.

Ask whether you can take your bag as hand luggage.

Say that you lost your luggage.

Good job! You can go to any Polish airport, and you won't get lost!

At the train/bus station

You have just left the airport, and you probably want to get to your accommodation. The best way to do this is to take a bus or a train, especially when you decide to stay in a big city. When it comes to trains, you just go to the ticket office located inside the railway station and buy a ticket.

DIALOGUE 1:

Dzień dobry. Chciałbym kupić bilet do Warszawy. – Hello, I'd like to buy a ticket to Warsaw.

Oczywiście. Normalny czy ulgowy? – Sure. Normal or reduced?

Czy są zniżki dla studentów? – Are there any discounts for students?

Tak. Bilet studencki jest tańszy o połowę. – Yes. Student ticket is reduced to half price.

Ok. Poproszę jeden bilet studencki. - Ok. One student ticket, please.

Proszę bardzo. To będzie 10 złotych. - Of course. That will be 10 zlotych.

Czy mogę zapłacić kartą? - Can I pay with credit card?

Tak, oczywiście. - Yes, of course.

Dziękuję i do widzenia. - Thank you, and goodbye.

Do widzenia. - Bye.

Repeat the dialogue without translations.

DIALOG 1 (WITHOUT TRANSLATIONS):

Dzień dobry. Chciałbym kupić bilet do Warszawy.

Oczywiście. Normalny czy ulgowy?

Czy są zniżki dla studentów?

Tak. Bilet studencki jest tańszy o połowę.

Ok. Poproszę jeden bilet studencki.

Proszę bardzo. To będzie 10 złotych.

Czy mogę zapłacić kartą?

Tak, oczywiście.

Dziękuję i do widzenia.

Do widzenia.

EXERCISE 1:

Oczywiście. Normalny czy ulgowy?

Tak. Bilet studencki jest tańszy o połowę.

Proszę bardzo. To będzie 10 złotych.

—

Tak, oczywiście.

—

Do widzenia.

Excellent! Here are some extra phrases that might be useful if you decide to take the Polish train. Go through them carefully.

Czy mogę zobaczyć Pana/Pani bilet? - May I see your ticket, please?

Czy mogę zobaczyć Pana/Pani legitymację? - May I see your student ID, please?

Pociąg jest opóźniony. - The train is delayed.

Przepraszam, czy ten pociąg jedzie do Poznania? - Excuse me, does this train go to Poznań?

Przepraszam, o której odjeżdża pociąg do Wrocławia? - Excuse me, what time does the train to Wrocław leave?

Przepraszam, gdzie jest wagon sypialny? - Excuse me, where is the sleeping carriage?

Repeat these phrases a couple of times to learn them once and for all.

Czy mogę zobaczyć Pana/Pani bilet?

Czy mogę zobaczyć Pana/Pani legitymację?

Pociąg jest opóźniony.

Przepraszam, czy ten pociąg jedzie do Poznania?

Przepraszam, o której odjeżdża pociąg do Wrocławia?

Przepraszam, gdzie jest wagon sypialny?

Exercise: Try to say the phrases in Polish.

Ask the conductor where the sleeping carriage is.

Ask what time the train to Warsaw leaves.

Make sure that the train departs to Poznan.

Ask whether you can pay with a credit card.

Ask whether there are any discounts for students.

Buy two normal tickets.

Buy one reduced ticket.

You have just bought the tickets. Now, find your bus/train and enjoy your journey. Onward to the hotel!

At the hotel

Welcome to the hotel! The journey was quite exhausting, but you have finally reached your destination. It is time to go to the reception and get the key to your room.

DIALOGUE 1:

Dzień dobry. W czym mogę pomóc? - Hello, how can I help you?

Dzień dobry. Mam rezerwację dla dwóch osób. - Hello. I have a reservation for two people.

Czy mogę prosić o nazwisko? - May I have your last name, please?

Oczywiście. Nazywam się Lewandowski. - Sure. My last name is Lewandowski.

Ok. Oto Pana/Pani klucz. Pokój 308. - Ok. Here is your key. Room 308.

Dziękuję bardzo. O której godzinie jest śniadanie? - Thank you very much. What time is breakfast?

Śniadanie zaczyna się o godzinie ósmej, a kończy się o dziesiątej. - Breakfast starts at eight o'clock and finishes at ten o'clock.

Dziękuję. Gdzie jest restauracja? - Thanks. Where is the restaurant?

Restauracja jest tam. - The restaurant is right there.

Dziękuję bardzo. - Thank you!

Miłego dnia. - Have a nice day.

That dialogue was quite long. However, when you decide to stay at a hotel, you need to ask a couple of important questions. So, repeat the dialogue once again, without the translations.

DIALOG 1 (WITHOUT TRANSLATIONS):

Dzień dobry. W czym mogę pomóc?

Dzień dobry. Mam rezerwację dla dwóch osób.

Czy mogę prosić o nazwisko?

Oczywiście. Nazywam się Lewandowski.

Ok. Oto Pana/Pani klucz. Pokój 308.

Dziękuję bardzo. O której godzinie jest śniadanie?

Śniadanie zaczyna się o godzinie ósmej, a kończy się o dziesiątej.

Dziękuję. Gdzie jest restauracja?

Restauracja jest tam.

Dziękuję bardzo.

Miłego dnia.

Before you move on to the next topic, you need to be familiar with the most important phrases that might save your life at a Polish hotel. Sometimes things don't go as planned, and sometimes you just want to ask about a couple of things, so you need to know more than the dialogue you have just learned.

Czy mają Państwo jakieś wolne pokoje? - Do you have any rooms available?

Czy przyjmują Państwo również zwierzęta? - Are pets allowed?

Czy ręczniki i pościele są wliczone w cenę? - Are sheets and towels included?

O której godzinie jest obiadokolacja? – What time do you serve dinner?

Co jest w cenie zakwaterowania? – What's included in the cost of accommodation?

Czy w tym pokoju jest klimatyzacja? – Does this room have air-conditioning?

Klimatyzacja w moim pokoju nie działa. – The air-conditioning in my room is out of order.

Przepraszam, jakie jest hasło do Wi-Fi? – Excuse me, could you tell me the Wi-Fi password?

Chciałbym/Chciałabym dokonać rezerwacji. – I would like to make a reservation.

Proszę zostawić brudne ręczniki na podłodze. – Please, leave the dirty towels on the floor.

Chciałbym/chciałabym się wymeldować. – I would like to check-out, please.

Chciałbym /chciałabym dostać inny pokój. – I would like a different room.

Bardzo nam się podobało. – We really enjoyed our stay here.

These were the most important phrases. Since there were quite a lot of them, you need to repeat them a couple of times.

Czy mają Państwo jakieś wolne pokoje?

Czy przyjmują Państwo również zwierzęta?

Czy ręczniki i pościele są wliczone w cenę?

O której godzinie jest obiadokolacja?

Co jest w cenie zakwaterowania?

Czy w tym pokoju jest klimatyzacja?

Klimatyzacja w moim pokoju nie działa.

Przepraszam, jakie jest hasło do WiFi?

Chciałbym/Chciałabym dokonać rezerwacji.

Proszę zostawić brudne ręczniki na podłodze.

Chciałbym/chciałabym się wymeldować.

Chciałbym /chciałabym dostać inny pokój.

Bardzo nam się podobało.

Very good! You are getting better and better!

Exercise: Try to say the phrases in Polish.

Ask the receptionist whether there is any room available.

Say that you would like to check out.

Ask about the Wi-Fi password.

Ask the receptionist where the restaurant is.

Ask the receptionist what time breakfast is.

Ask the receptionist what time dinner is.

Ask the receptionist whether animals are allowed.

Ask the receptionist whether there is an air conditioner in your room.

Say that the air conditioner in your room isn't working.

Say to the receptionist that you enjoyed your stay.

Say to the receptionist that you have a reservation for two people.

Say your full name.

Well done! You will stay at a Polish hotel without any problems. You can pack your suitcases now!

Doing the shopping

So you have been staying in Poland for a couple of days. You've really enjoyed the country. You have visited some nice restaurants, traveled by trains and buses, and you've enjoyed your stay at a really nice hotel. It is time to do some shopping! Most of the Polish supermarkets don't require sophisticated spoken interaction since you only go to the checkout and pay. Nevertheless, here are some useful phrases that you may use in a supermarket.

IN THE SUPERMARKET:

Przepraszam, ile to kosztuje? - Excuse me, how much does it cost?

Czy chciałby Pan/chciałaby Pani zapłacić kartą czy gotówką? - Would you like to pay with cash or with a credit card?

Czy mogę prosić o paragon? - Can I have a receipt, please?

Proszę wprowadzić PIN. - Enter your PIN-code, please.

Dziś polecamy... - I recommend buying... today.

Ok, wezmę to. - Ok, I'll take it.

Przepraszam, gdzie znajdę owoce? - Excuse me, where can I find fruit?

Czy chciałby Pan/chciałaby pani torbę? - Would you like a plastic bag?

Ten produkt jest obecnie wyprzedany. - This item is currently out of stock.

Czy ten produkt jest w promocji? - Is this product on sale?

Chciałbym/Chciałabym zapłacić gotówką. - I would like to pay with cash.

Chciałbym/Chciałabym zapłacić kartą. - I would like to pay with a credit card.

Proszę, oto reszta. - Here's your change.

Czy jest Pan/Pani członkiem naszego klubu? - Are you a member of our loyalty program?

Revise the phrases as there are many of them.

Przepraszam, ile to kosztuje?

Czy chciałby Pan/chciałaby Pani zapłacić kartą czy gotówką?

Czy mogę prosić o paragon?

Proszę wprowadzić PIN.

Dziś polecamy...

Ok, wezmę to.

Przepraszam, gdzie znajdę owoce?

Czy chciałby Pan/chciałaby pani torbę?

Ten produkt jest obecnie wyprzedany.

Czy ten produkt jest w promocji?

Chciałbym/Chciałabym zapłacić gotówką.

Chciałbym/Chciałabym zapłacić kartą.

Proszę, oto reszta.

Czy jest Pan/Pani członkiem naszego klubu?

Exercise: Say the phrases in Polish.

Ask the cashier how much something costs.

Ask for a receipt.

Ask the shop assistant where you can find fruit.

Ask the shop assistant whether something is on sale.

Say that you would like to pay with cash.

Say that you would like to pay with a credit card.

Say that you don't want the bag.

Good job! You can go to the Polish supermarket. Now get some clothes!

IN A CLOTHES SHOP:

If you go to a Polish shopping center, you will probably notice shops like H&M, Zara, and many other popular ones. Here are the most useful phrases that might give you confidence when you decide to go to a clothing shop in Poland.

Dzień dobry, czy mogę to przymierzyć? – Hello, can I try this on?

Przepraszam, gdzie jest przymierzalnia? – Excuse me, where is the fitting room?

Chciałbym/chciałabym przymierzyć te buty. – I would like to try on these shoes.

Chciałbym/chciałabym zobaczyć tę bluzkę z wystawy. – I would like to see that shirt you have on display.

Noszę rozmiar 36. – I take a size 36.

Czy mógłby Pan/mogłaby Pani pomóc mi zapiąć ten zamek? – Could you help me with this zip?

Może to Pan/Pani zapakować to jako prezent? – Could you gift wrap it for me?

Czy są większe rozmiary? – Do you have it in a bigger size?

Czy są mniejsze rozmiary? – Do you have it in a smaller size?

Czy macie tę rzecz również w kolorze czarnym? – Do you have it in black?

Z jakiego materiału są te buty? – What fabric are these shoes made of?

Czy mogę dostać większy rozmiar tych butów? – Can I have a bigger size of these shoes?

Ile kosztują te spodnie? – How much do these trousers cost?

Time for a quick revision! Memorize all the Polish phrases once and for all. Try to guess the meaning while going through the phrases.

Dzień dobry, czy mogę to przymierzyć?

Przepraszam, gdzie jest przymierzalnia?

Chciałbym/chciałabym przymierzyć te buty.

Chciałbym/chciałabym zobaczyć tę bluzkę z wystawy.

Noszę rozmiar 36.

Czy mógłby Pan/mogłaby Pani pomóc mi zapiąć ten zamek?

Może to Pan/Pani zapakować to jako prezent?

Czy są większe rozmiary?

Czy są mniejsze rozmiary?

Czy macie tę rzecz również w kolorze czarnym?

Z jakiego materiału są te buty?

Czy mogę dostać większy rozmiar tych butów?

Ile kosztują te spodnie?

Exercise: Say the phrases in Polish.

Ask the shop assistant whether you can try something on.

Ask the shop assistant where the fitting room is.

Ask the shop assistant whether there are bigger sizes.

Ask the shop assistant whether there are smaller sizes.

Ask the shop assistant whether there are different colors.

Ask the shop assistant what fabric the shoes are made of.

Ask the shop assistant how much the shoes cost.

Ask the shop assistant whether he/she can wrap something as a gift.

Ask for help with the zip.

Say what size you wear.

Excellent! You have just bought some nice clothes!

Sightseeing

You have already become fluent in Polish. Think for a moment about the things that you've already acquired. You can introduce yourself, handle a casual conversation, order a meal in a restaurant, and much more. In this part, you will focus on sightseeing and guided tours since you will probably want to visit some interesting places in Poland. Here are a few phrases that may be helpful when sightseeing in Poland.

Dzień dobry, chciałbym/chciałabym wziąć udział w tej wycieczce. - Hello, I would like to take part in this trip.

Czy mógłby Pan/mogłaby Pani polecić mi ciekawe miejsca do zobaczenia? - Could you recommend me some places to visit here?

Czy mógłby Pan/mogłaby Pani polecić mi ciekawe miejsca, które można zwiedzić za darmo? - Could you recommend me some places that are for free?

Czy mogę tutaj robić zdjęcia? - Can I take pictures here?

Co warto tutaj zobaczyć? - What places are worth seeing here?

Jakie restauracje Pani/Pan poleca? - What restaurants do you recommend?

Czy ta wycieczka wymaga dużo chodzenia? - Does this trip require a lot of walking?

Czy mogłby Pan/mogłaby Pani pokazać to na mapie? - Could you show me this on the map?

Co muszę zabrać ze sobą? - What do I need to take with me?

Ile mamy wolnego czasu? - How much free time do we have?

Czy tutaj płaci się za wstęp? - Is there an entrance fee here?

Czy ta wycieczka jest z przewodnikiem? - Is that a guided tour?

Wycieczka była świetna, dziękuję! - The trip was awesome, thank you!

Now repeat the phrases without the English translations.

Dzień dobry, chciałbym/chciałabym wziąć udział w tej wycieczce.

Czy mógłby Pan/mogłaby Pani polecić mi ciekawe miejsca do zobaczenia?

Czy mógłby Pan/mogłaby Pani polecić mi ciekawe miejsca, które można zwiedzić za darmo?

Czy mogę tutaj robić zdjęcia?

Co warto tutaj zobaczyć?

Jakie restauracje Pani/Pan poleca?

Czy ta wycieczka wymaga dużo chodzenia?

Czy mógłby Pan/mogłaby Pani pokazać to na mapie?

Co muszę zabrać ze sobą?

Ile mamy wolnego czasu?

Czy tutaj płaci się za wstęp?

Czy ta wycieczka jest z przewodnikiem?

Wycieczka była świetna, dziękuję!

Exercise: Say the phrases in Polish.

Say that you'd like to take part in a trip.

Ask someone to recommend an interesting place to visit.

Ask someone to recommend a nice restaurant.

Ask the guide whether you can take pictures.

Ask a stranger to show you a place on your map.

Ask how much free time you have.

Ask the travel agency worker whether a trip is with a guide.

Say that the trip was awesome.

Ask whether there is an entrance fee.

Very nice! You can go on a guided trip without any problems. Your Polish is good enough!

Money

Money is one of the most important ingredients for a trip to a foreign country, especially if you need to exchange the currency.

Although Poland is a member of the European Union, the country has its own currency—Polish zloty. You can exchange the currency in an exchange office or on the Internet. Nearly all Polish shops and restaurants offer the opportunity of paying with a credit card, so you don't have to worry. Even if you forget about exchanging the money, you can pay with a bank card. If you decide to go to an exchange office, consider learning these phrases prepared for you. They will help you avoid any misunderstanding.

AT THE EXCHANGE OFFICE:

Dzień dobry, chciałbym/chciałabym wymienić moje pieniądze. - Hello, I would like to exchange my money.

Dzień dobry, jaki jest kurs dolara? - What is the US dollar's exchange rate?

Przepraszam, gdzie znajdę kantor wymiany walut? - Excuse me, where can I find the exchange office?

Dzień dobry, chciałbym wymienić moje dolary na złote. - Hello, I would like to exchange my dollars to Polish zloty.

Chciałbym/chciałabym wymienić 500 dolarów. - I would like to exchange 500 US dollars.

Dzień dobry, czy mogę tutaj wymienić kryptowaluty? - Hello, can I exchange cryptocurrencies here?

Repeat all those expressions.

Dzień dobry, chciałbym/chciałabym wymienić moje pieniądze.

Dzień dobry, jaki jest kurs dolara?

Przepraszam, gdzie znajdę kantor wymiany walut?

Dzień dobry, chciałbym wymienić moje dolary na złote.

Chciałbym/chciałabym wymienić 500 dolarów.

Dzień dobry, czy mogę tutaj wymienić kryptowaluty?

Exercise: Try to say the phrases in Polish.

Say that you would like to exchange your money.

Ask about the dollar exchange rate.

Ask a person where the exchange office is.

Say that you would like to exchange 500 US dollars.

Ask whether you can exchange cryptocurrency.

Good job! Money is no longer a problem for you!

AT THE BANK:

There are many different banks in Polish cities, so you will definitely find one very quickly. Moreover, there are many ATMs since Polish people love using bank cards. There is only one big difference—credit cards are very unpopular in Poland. Instead, Polish people use debit cards. The following expressions might be useful at the bank.

Dzień dobry, chciałbym/chciałbym otworzyć konto bankowe. - Hello, I would like to open a new bank account.

Dzień dobry, chciałbym/chciałabym wpłacić pieniądze na moje konto. - Hello, I would like to deposit some cash.

Dzień dobry chciałbym/chciałabym wypłacić pieniądze z mojego konta. - Hello, I would like to withraw some cash from my account.

Przepraszam, gdzie jest najbliższy bankomat? - Excuse me, where is the nearest ATM?

Dzień dobry, mam problem z moją kartą bankową. - Hello, I have a problem with my payment card.

Bankomat nie akceptuje mojej karty. - The ATM doesn't accept my card.

Bankomat połknął moją kartę. - The ATM swallowed my card.

Bankomat nie chce wydać mi gotówki. - The ATM doesn't want to withdraw my money.

Dzień dobry, chciałbym/chciałaby otworzyć konto oszczędnościowe. - Hello, I would like to open a savings account.

Repeat all the expressions now.

Dzień dobry, chciałbym/chciałbym otworzyć konto bankowe.

Dzień dobry, chciałbym/chciałabym wpłacić pieniądze na moje konto.

Dzień dobry chciałbym/chciałabym wypłacić pieniądze z mojego konta.

Przepraszam, gdzie jest najbliższy bankomat?

Dzień dobry, mam problem z moją kartą bankową.

Bankomat nie akceptuje mojej karty.

Bankomat połknął moją kartę.

Bankomat nie chce wydać mi gotówki.

Dzień dobry, chciałbym/chciałaby otworzyć konto oszczędnościowe.

Exercise: Try to say the phrases in Polish.

Tell the bank clerk that you would like to open a bank account.

Tell the bank clerk that you would like to deposit some cash.

Tell the bank clerk that you would like to withdraw some money.

Ask a person where the nearest ATM is.

Tell the bank clerk that you have a problem with your bank card.

Tell the bank clerk that the ATM doesn't accept your card.

Tell the bank clerk that the ATM swallowed your card.

Tell the bank clerk that the ATM doesn't want to withdraw your money.

Tell the bank clerk that you would like to open a savings account.

Good job! You are becoming more and more fluent!

In case of an emergency...

Polish doctors may not know English very well so you should know some basic phrases. In the last chapter of this book, you will find some useful vocabulary (e.g., conditions, medications). Here, though, you will learn how to handle a conversation with a doctor. You will also learn some phrases connected to medical advice in order to understand a Polish doctor.

Boli mnie głowa. - I have a headache.

Boli mnie brzuch. - I have a stomachache.

Mam wysoką gorączkę. - I have a high temperature.

Choruję na cukrzycę. - I have diabetes.

Boli mnie. - I am in pain.

Jestem uczulony/uczulona na laktozę. - I am allergic to lactose.

Jestem przeziębiony/przeziębiona. - I have a cold.

Mam kaszel i katar. - I have a runny nose and a terrible cough.

Złamałem/złamałam nogę. - I have broken my leg.

Złamałem/złamałam rękę. - I have broken my arm.

Skręciłem/skręciłam kostkę. - I have twisted my ankle.

Miałem/miałam wypadek. - I have had an accident.

Chyba mam grypę. - I think I have the flu.

Mam wysokie ciśnienie. - I have high blood pressure.

Wymiotowałem/wymiotowałam cały dzień. - I have been vomiting all day long.

Mam biegunkę. - I have diarrhea.

Kręci mi się w głowie. - I feel dizzy.

Ready for a quick revision? Try to guess the meanings while going through the expressions.

Boli mnie głowa.

Boli mnie brzuch.

Mam wysoką gorączkę.

Choruję na cukrzycę.

Boli mnie.

Jestem uczulony/uczulona na laktozę.

Jestem przeziębiony/przeziębiona.

Mam kaszel i katar.

Złamałem/złamałam nogę.

Złamałem/złamałam rękę.

Skręciłem/skręciłam kostkę.

Miałem/miałam wypadek.

Chyba mam grypę.

Mam wysokie ciśnienie.

Wymiotowałem/wymiotowałam cały dzień.

Mam biegunkę.

Kręci mi się w głowie.

Very good! Now pretend that you are in a doctor's office, and you need to say what is wrong.

Exercise: Try to say the phrases in Polish.

Say to your doctor that you have a headache.

Say to your doctor that you have a stomachache.

Say to your doctor that you have a temperature.

Say to your doctor that you have a cough and runny nose.

Say to your doctor that you have a cold.

Say to your doctor that you have a broken leg.

Say to your doctor that you have a broken arm.

Say to your doctor that you had an accident.

Say to your doctor that you probably have the flu.

Say to your doctor that you feel dizzy.

Say to your doctor that you have diarrhea.

Say to your doctor that you have diabetes.

Very good! You have explained what is wrong. You need to be examined by your doctor right now. Here are some important phrases.

Co Panu/Pani dolega? - What's the matter?

Czy ma Pan/Pani ubezpieczenie? - Do you have health insurance?

Czy bierze Pan/Pani jakieś leki? - Are you on any medication?

Czy pali Pan/Pani papierosy? - Do you smoke cigarettes?

Czy może Pan/Pani opisać objawy? - Could you describe the symptoms?

Od jak dawna ma Pan/Pani te objawy? - How long have you had these symptoms?

Zmierzę Panu/Pani temperature. - I am going to check your temperature.

Proszę się rozebrać/Proszę zdjąć ubranie. - Take your clothes off, please.

Proszę otworzyć usta. - Open your mouth, please.

Musi Pan/pani zostać w łóżku. - You have to stay in bed.

Operacja jest jedyną opcją. - The operation seems to be the only option.

Musi Pan/pani zostać w szpitalu. - You need to stay in hospital.

Oto recepta. - Here's your prescription.

Proszę brać ten lek dwa razy dziennie. - You need to take this medicine twice a day.

Wyniki testu są pozytywne. – The results of the test are positive.

Muszę przepisać antybiotyk. – I need to prescribe an antibiotic.

Repeat these phrases. You need to memorize them.

Co Panu/Pani dolega?

Czy ma Pan/Pani ubezpieczenie?

Czy bierze Pan/Pani jakieś leki?

Czy pali Pan/Pani papierosy?

Czy może Pan/Pani opisać objawy?

Od jak dawna ma Pan/Pani te objawy?

Zmierzę Panu/Pani temperature.

Proszę się rozebrać/Proszę zdjąć ubranie.

Proszę otworzyć usta

Musi Pan/pani zostać w łózku.

Operacja jest jedyną opcją.

Musi Pan/pani zostać w szpitalu.

Oto recepta.

Proszę brać ten lek dwa razy dziennie.

Muszę przepisać antybiotyk.

At school

Maybe you are a new student and need some help? Maybe you have just taken part in the student exchange program and the first day at Polish school is coming? Don't worry. Below are some useful phrases and questions that will give you confidence. As long as you learn them, you won't get lost at Polish school.

Otwórzcie podręczniki na stronie 46. – Please, open your books on page 46.

Przepraszam, czy mogę wyjść do toalety? – Excuse me, can I go to the toilet?

Czy mógłbyś wytrzeć tablicę? – Could you clean the blackboard, please?

Czy mógłbyś to przeliterować? – Could you spell it out?

Przepraszam, gdzie jest stołówka? – Excuse me, where is the school canteen?

Przepraszam, jak dojdę do sali gimnastycznej? – Excuse me, how can I get to the gym?

O której kończy się lekcja? – What time does the lesson end?

Jakie przedmioty mamy dzisiaj? – Which classes do we have today?

O której godzinie odjeżdża autobus szkolny? – What time does the school bus leave?

Autobus szkolny odjeżdża o 15:00, zaraz po ostatniej lekcji. – The school bus leaves at 3:00 PM, right after the last lesson.

Dzisiejsze zajęcia są odwołane. – Today's classes have been canceled.

Repeat them one more time.

Otwórzcie podręczniki na stronie 46.

Przepraszam, czy mogę wyjść do toalety?

Czy mógłbyś wytrzeć tablicę?

Czy mógłbyś to przeliterować?

Przepraszam, gdzie jest stołówka?

Przepraszam, jak dojdę do sali gimnastycznej?

O której kończy się lekcja?

Jakie przedmioty mamy dzisiaj?

O której godzinie odjeżdża autobus szkolny?

Autobus szkolny odjeżdża o 15:00, zaraz po ostatniej lekcji.

Dzisiejsze zajęcia są odwołane.

Exercise: Try to say the phrases in Polish.

Ask the teacher whether you can go to the toilet.

Ask your friend whether he/she can clean the blackboard.

Ask your friend whether he/she can spell something out.

Ask your friend where the school canteen is.

Ask your friend where the gym is.

Ask your friend what time the lesson ends.

Ask your friend what lessons you have today.

Ask your friend what time the school bus leaves today.

Say to your friend that the lessons have been canceled.

Excellent! With those phrases, you will definitely survive your first day at Polish school. If you would like to learn more words connected to the topic of school, go to the last chapter.

At the university

Being a new student in a foreign country may be overwhelming, especially at the very beginning. You need to get familiar with the building, the city, the culture, and, most importantly, the language. To avoid getting lost on your very first day, go through the expressions below. They won't cover every situation that might happen at your new university, but they will give you the necessary foundations.

Przepraszam, gdzie znajduje się dziekanat? - Excuse me, where is the Dean's office?

Dziekanat znajduje się na trzecim piętrze. - The Dean's office is on the third floor.

Dzisiejsze wykłady są odwołane. - All of today's lectures have been canceled.

Ten wykład jest nieobowiązkowy. - This lecture is non-mandatory.

Przepraszam, o której rozpoczyna się ostatni wykład? - Excuse me, what time does the last lecture start?

Ostatni wykład zaczyna się o 17:00. - The last lecture starts at 5:00 PM.

Dzień dobry, chciałbym/chciałabym wypożyczyć książkę. - Hello, I would like to borrow a book.

Czy mogę zobaczyć Pana/Pani legitymację studencką? - May I see your student ID card?

Dzień dobry, chciałbym/chciałabym wziąć udział w wymianie studenckiej. - Hello, I would like to take part in a student exchange program.

Jestem zainteresowany/zainteresowana studiowaniem w Polsce. - I am interested in studying in Poland.

Repeat the phrases.

Przepraszam, gdzie znajduje się dziekanat?

Dziekanat znajduje się na trzecim piętrze.

Dzisiejsze wykłady są odwołane.

Ten wykład jest nieobowiązkowy.

Przepraszam, o której rozpoczyna się ostatni wykład?

Ostatni wykład zaczyna się o 17:00.

Dzień dobry, chciałbym/chciałabym wypożyczyć książkę.

Czy mogę zobaczyć Pana/Pani legitymację studencką?

Dzień dobry, chciałbym/chciałabym wziąć udział w wymianie studenckiej.

Jestem zainteresowany/zainteresowana studiowaniem w Polsce.

Exercise: Say the phrases in Polish.

Ask your friend where the Dean's office is

Say to your friend where the Dean's office is.

Say that the lectures have been canceled.

Say that the lecture is non-obligatory.

Ask your friend what time the last lecture starts.

Say that the last lecture starts at 5 PM.

Say to the librarian that you would like to borrow a book.

Very nice! If you are considering studying in Poland, don't hesitate. The universities are student-friendly, and the cities are beautiful! If you would like to learn some more vocabulary connected to the topic of university and study, go to the glossary in the last chapter.

At work

A job is one of the main reasons why people decide to move to a foreign country. Starting a new job is a stressful experience, especially at the beginning, since you need to meet your new coworkers and your boss. Moreover, you need to adjust to the new routine and environment. Being a foreigner and not knowing the native language makes the whole situation even worse. The following are some basic expressions that might help you during your first days at a Polish workplace.

Przepraszam, gdzie jest dział kadr? - Excuse me, where is the personnel department?

Proszę przesłać CV oraz podanie o pracę. - Please, send your CV and a job application form.

Pracuję na pół etatu. - I have a part-time job.

Gdzie pracujesz? - Where do you work?

Pracuję w dużej firmie. - I work in a big company.

Co robisz zawodowo? - What do you do professionally?

Jestem prawnikiem. - I am a lawyer.

Gdzie znajduje się firma w której pracujesz? - Where is the company you work at located?

Firma znajduje się w Warszawie. - The company headquarters is located in Warsaw.

Pracuję w systemie zmianowym. - I have a shift job.

O której godzinie kończysz pracę? - What time do you finish your work?

Dziś kończę o 17:00. - Today I'm finishing at 5:00 PM.

Dziś idę na nockę. - Today I'm working a night shift.

Jakie wykształcenie Pan/Pani posiada? - What educational background do you have?

Ukończyłem/ukończyłam uniwersytet. - I graduated/graduated university.

Jakie umiejętności Pan/Pani posiada? - What skills do you have?

Czy posiada Pan/Pani prawo jazdy? - Do you have a driving license?

Tak, posiadam prawo jazdy. - Yes, I have a driving license.

Dostałem/dostałam awans! - I got a promotion.

Czy mogę wziąć dzień wolnego? - Can I take a day off?

Jestem chory/chora. Jutro nie mogę przyjść do pracy. - I am sick. I can't go to work tomorrow.

There were many new expressions, so go through them once again to memorize them.

Przepraszam, gdzie jest dział kadr?

Proszę przesłać CV oraz podanie o pracę.

Pracuję na pół etatu.

Gdzie pracujesz?

Pracuję w dużej firmie.

Co robisz zawodowo?

Jestem prawnikiem.

Gdzie znajduje się firma w której pracujesz?

Firma znajduje się w Warszawie.

Pracuję w systemie zmianowym.

O której godzinie kończysz pracę?

Dziś kończę o 17:00.

Dziś idę na nockę.

Jakie wykształcenie Pan/Pani posiada?

Ukończyłem/ukończyłam uniwersytet.

Jakie umiejętności Pan/Pani posiada?

Czy posiada Pan/Pani prawo jazdy?

Tak, posiadam prawo jazdy.

Dostałem/dostałam awans!

Czy mogę wziąć dzień wolnego?

Jestem chory/chora. Jutro nie mogę przyjść do pracy.

Exercise: Say the phrases in Polish.

Ask your coworker where the personnel department is.

Say that you work a part-time job.

Ask your friend where he/she works.

Say that you work in a big company.

Ask your friend what he/she does professionally.

Say that you are a lawyer.

Say that you work in Warsaw.

Say that you work a shift job.

Tell your interviewer that you have a driver's license.

Tell your interviewer that you graduated from university.

Say to your coworker that you got a promotion.

Excellent! Surviving the first day at work in Poland won't be that stressful for you.

Chapter 4 – Useful Words

Food and Drink

Pieczywo - bakery

Mięso - meat

Produkty mleczne - dairy products

Owoce - fruits

Warzywa - vegetables

Jajka - eggs

Słodycze - sweets/candy

Napoje - beverages

Alkohol - alcohol

Karma dla kota - cat food

Karma dla psa - dog food

Przyprawy - spices

Mrożonki - frozen food

Dania gotowe - convenience food/ready meals

Lody - ice cream

Dairy Products - produkty mleczne:

Mleko - milk

Śmietana - cream

Ser żółty – cheese
Twarożek – cottage cheese
Jogurt – yogurt
Masło – butter
Margaryna – margarine
Maślanka – buttermilk

Bakery – pieczywo:
Chleb – bread
Chleb pszenny – wheat bread
Świeży chleb – fresh bread
Chleb żytni – rye bread
Chleb tostowy – toast bread
Bułka – bread roll
Bagietka – baguette
Pączki – doughnuts
Ciastka – biscuits/cookies

Vegetables – warzywa:
Ziemniak – potato
Pomidor – tomato
Ogórek – cucumber
Papryka czerwona – red pepper
Cebula – onion
Kapusta – cabbage
Sałata – lettuce
Marchewka – carrot
Brokuł – broccoli
Kalafior – cauliflower

Fasola - beans
Czosnek - garlic
Dynia - pumpkin
Szpinak - spinach
Pietruszka - parsley
Soja - soy
Seler - celery
Jarmuż - kale
Burak - beet/beetroot
Batat - sweet potato
Fruits - owoce:
Banan - banana
Jabłko - apple
Pomarańcza - orange
Grejfrut - grapefruit
Cytryna - lemon
Gruszka - pear
Brzoskwinia - peach
Kokos - coconut
Ananas - pineapple
Śliwka - plum
Arbuz - watermelon
Truskawka - strawberry
Malina - raspberry
Jagoda - blueberry
Wiśnia - cherry
Awokado - avocado

Orzech włoski – a walnut

Meat – mięso:

Kiełbasa – sausage

Bekon – bacon

Kurczak – chicken

Drób – poultry

Wołowina – beef

Wieprzowina – pork

Baranina – lamb

Szynka – ham

Mięso mielone – minced meat

Kabanos – a kabanos sausage (a snack stick sausage)

Salami – salami

Sweets/Candy – słodycze:

Czekolada – chocolate

Ciastka – cookies/biscuits

Cukierki czekoladowe – bonbons

Delicje – jaffa cakes

Batonik – chocolate bar

Żelki – jelly beans/gummy bears

Deser – dessert

Galaretka – jelly

Wafelek – wafer

Lody – ice cream

Lizak – lollipop

Krówka – fudge

Landrynki – hard candy

Beverages – napoje:

Woda w butelce – bottled water

Woda mineralna – mineral water

Woda gazowana – sparkling water

Cola – cola

Napoje gazowane – fizzy drinks

Sok pomarańczowy – orange juice

Sok jabłkowy – apple juice

Koktajl owocowy – fruit cocktail/smoothie

Kawa – coffee

Kawa rozpuszczalna – instant coffee

Kawa czarna – black coffee

Kawa z mlekiem – white coffee

Herbata – tea

Gorąca czekolada – hot chocolate

Piwo – beer

Wódka – vodka

Czerwone wino – red wine

Białe wino – white wine

Whisky – whiskey

Other Groceries:

Jajka – eggs

Mąka – flour

Sól – salt

Pieprz – pepper

Cukier – sugar

Cukier brązowy – cane sugar

Ryż - rice
Olej - oil
Oliwa z oliwek - olive oil
Przyprawy - spices
Miód - honey
Płatki kukurydziane - corn flakes
Płatki śniadaniowe - cereal
Healthy/Vegan Products:
Mleko sojowe - soy milk
Jogurt sojowy/kokosowy - soy/coconut yogurt
Mleko ryżowe/migdałowe - Rice/almond milk
Tofu - tofu
Hummus - hummus
Bezglutenowy - gluten-free
Soczewica - lentils
Płatki owsiane - oat flakes
Orzechy - nuts
Nasiona - seeds

Food and Drink - Vocabulary Revision
fruits

ice cream

milk

cheese

yogurt

bread

potato

tomato

red pepper

onion

carrot

broccoli

sweet potato

banana

apple

orange

lemon

watermelon

strawberry

cherry

sausage

bacon

chicken

poultry

ham

chocolate

cookies/biscuits

chocolate bar

dessert

ice cream

bottled water

mineral water

sparkling water

orange juice

apple juice

coffee

black coffee

white coffee

tea

cereal

gluten-free

Colors and Patterns
Kolory - colors
Biały - white

Czarny - black

Niebieski - blue

Granatowy - navy

Szary - gray

Czerwony - red

Zielony - green

Żółty - yellow

Pomarańczowy - orange

Fioletowy - violet/purple

Różowy - pink

Brązowy - brown

Beżowy - beige

Kremowy - creamy

Złoty - gold

Srebrny - silver

Kolorowy - colorful

Bezbarwny - colorless

Przeźroczysty - transparent

Wzory – Patterns:

W paski/pasiasty – striped
W kratę – checkered
W kwiaty – floral
W kropki/w grochy/w groszki – spotted/dotted
Cekinowy – sequin
Koronkowy – lacy/lacey
Lśniący/świecący – shiny
Brokatowy/błyszczący – glittery
Matowy – matt/dull

Colors and Patterns – Vocabulary Revision

white
black
blue
gray
red
green
orange
violet/purple
pink
brown
beige
gold
silver
colorful
striped
floral

spotted/dotted

shiny

Family and Relationships
Family Members
Członkowie rodziny – family members

Rodzina – family

Bliska rodzina – nuclear family

Rodzice – parents

Rodzeństwo – siblings

Dzieci – children

Syn – son

Córka – daughter

Matka – mother (mama – mom)

Ojciec – father (tata – dad)

Ojczym – stepfather

Macocha – stepmother

Brat – brother

Brat przyrodni – stepbrother

Siostra – sister

Siostra przybrana – stepsister

Dziadkowie – grandparents

Babcia – grandmother/grandma

Dziadek – granddad/grandpa

Wnuk – grandson

Wnuczka – granddaughter

Ciocia – aunt

Wujek – uncle

Bratanek/siostrzeniec – nephew

Bratanica/siostrzenica – niece

Kuzyn/kuzynka – cousin

Teść – father-in-law

Teściowa – mother-in-law

Szwagier – brother-in-law

Szwagierka – sister-in-law

Relationships

Pokrewieństwo/relacja – relationship

W związku – in a relationship

Wyśjć za kogoś – to marry somebody

Żonaty (masculine) – zamężna (feminine) – married

Wziąć ślub – to get married

Ślub – wedding

Małżonkowie/małżeństwo – married couple

Mąż – husband

Żona – wife

Pan młody – groom

Panna młoda – bride

Państwo młodzi – bridal couple

Zaręczyć się – to get engaged

Oświadczyć się komuś – to propose to somebody

Zaręczyny – engagement

Pierścionek zaręczynowy – engagement ring

Narzeczony – fiancé

Narzeczona – **fiancée**

Chłopak – boyfriend

Dziewczyna – girlfriend

Chodzić z kimś – to go out with somebody

Randka – date

Randkować – to date

Zerwać z kimś – to break up with somebody

Rozwieść się – to get divorced/to get a divorce

Rozwiedziony/rozwiedziona – divorced

W stanie wolnym/singiel (m.)/singielka (f.) – single

Bezdzietny/bezdzietna – childless

Mieć dzieci – to have children

W ciąży – pregnant

Być w ciąży – to be pregnant

Family and Relationships – Vocabulary Revision

family members

family

parents

siblings

children

son

daughter

mother

father

stepfather

stepmother

brother

sister

grandparents
grandmother/grandma
granddad/grandpa
aunt
uncle
cousin
relationship
to marry somebody
married
to get married
wedding
husband
wife
to get engaged
fiancé
fiancée
boyfriend
girlfriend
date
to break up with somebody
to get divorced/to get a divorce
divorced
single
to have children
to be pregnant

Weather

Prognoza pogody – weather forecast

Pogoda – weather
Słońce – sun
Temperatura – temperature
Świecić – shine
Słonecznie – sunny
Ciepło/ciepły – warm/hot
Zimno/zimny – cold
Chmura – cloud (chmury – clouds)
Zachmurzenie – cloudiness/overcast
Lekkie zachmurzenie – light overcast
Deszcz – rain
Padać – to rain
Przelotne opady – shower
Śnieg – snow
Opady deszczu – rainfall
Intensywne opady deszczu – heavy rainfall
Opady sniegu – snowfall
Intensywne opady śniegu – heavy snowfall
Grad – hail
Mgła – fog
Mglisty/mglisto – foggy
Ograniczona widoczność – limited visibility
Śliska nawierzchnia – slippery road
Ciśnienie atmosferyczne – air pressure
Wilgotność powietrza – air humidity
Niskie ciśnienie – low pressure

Wyskie ciśnienie - high pressure

Burza - storm

Błyskawica - lightning

Grzmot - thunder

Wiatr - wind

Porywy wiatru - wind blasts

Prędkość wiatru - wind speed

Silny wiatr - high wind/strong wind

Burza z piorunami - electrical storm

Wichura - windstorm

Nadciąga wichura - a windstorm is blowing up

Huragan - hurricane

Tornado - tornado

Pówódź/zalanie - flooding

Susza - drought

Przymrozek - freeze

Szron - frost

Szadź - hard rime frost

Weather - Vocabulary Revision

weather

sun

temperature

sunny

warm/hot

cold

cloudiness/overcast

rain

snow

rainfall

hail

fog

slippery road

storm

lightning

thunder

wind

wind speed

windstorm

hurricane

Clothes

Basic Pieces of Clothing:

Bluzka z krótkim rękawem/T-shirt – T-shirt

Koszula – shirt

Bluzka – blouse

Sweter – sweater

Bluza – sweatshirt

Podkoszulek – undershirt

Kurtka/marynarka/żakiet – jacket

Płaszcz – coat

Kamizelka – waistcoat

Garnitur – suit

Spodnie – trousers

Dżinsy/Jeansy – jeans

Spódniczka – skirt

Sukienka – dress

Sukienka mini – mini dress

Sukienka midi – midi dress

Długa sukienka/suknia – long dress

Bielizna – Underwear:

Majtki – pants

Stanik/biustonosz – bra

Skarpetki – socks

Bokserki – boxershorts

Rajstopy – tights

Podkolanówki – tube socks/knee-socks

Kalesony – underdrawers

Odzież zimowa – Winter Clothes:

Szal – scarf

Rękawiczki – gloves

Czapka zimowa – winter hat

Komin – infinity scarf

Kurtka zimowa – winter jacket

Kominiarka narciarska – ski mask

Gogle narciarskie – ski goggles

Spodnie narciarskie – ski pants

Kurtka narciarska – ski jacket

Odzież letnia – Summer Clothes:

Szorty/krótkie spodnie – shorts

Strój kąpielowy – swimsuit

Jednoczęściowy strój kąpielowy – one-piece swimsuit

Dwuczęściowy strój kąpielowy – two-piece swimsuit

Pareo – pareo/pareau (wrap-around skirt)

Kapelusz przeciwsłoneczny – sun hat

Buty – Shoes:

Trampki/Adidasy – gym shoes/sneakers

Sandały – sandals

Kozaki – moon boots/winter shoes

Mokasyny – moccasins

Buty na obcasie – high-heeled shoes/high heels

Buty na koturnie – wedge heels

Półbuty – casual shoes

Buty do wspinaczki – climbing boots

Buty do tańca – dancing shoes

Kapcie – slippers

Klapki/japonki – flip-flops

Balerinki/płaskie buty – flat shoes

Dodatki – Accessories:

Okulary – glasses

Okulary przeciwsłoneczne – sunglasses

Torebka – bag

Torba na zakupy – shopping bag

Czapka z daszkiem – cap

Kapelusz – hat

Pasek – belt

Zegarek – watch

Szelki – braces/suspenders

Krawat – tie

Mucha – bow tie

Portfel – wallet
Kopertówka – clutch bag
Plecak – backpack
Torba na laptopa – laptop bag
Chustka – handkerchief

Biżuteria – Jewelry:
Kolczyki – earrings
Naszynik – necklace
Bransoletka – bracelet/wristband
Bransoletka z wisiorkiem – charm bracelet
Wisiorek – pendant
Broszka – brooch/pin
Spinki do mankietów – links
Kolczyk do nosa – nose ring
Kolczyk na języku – tongue stud

Materiał – Fabric:
Skórzany – leather
Dżinsowy – denim
Sztuczna skóra/skaja – artificial leather
Wełniany – woolen
Bawełniany – cotton
Miękki – soft
Szorstki – coarse
Jedwabny – silken
Satynowy – satin

W sklepie odzieżowym – At the Clothing Store:
Przymierzalnia – fitting room/dressing room

Przymierzać coś - to try something on

Wieszak na ubrania - clothing rack

Kolekcja zimowa/wiosenna - winter/spring collection

Modny - fashionable/trendy

Wystawa - display

Okazja - bargain

Cena okazyjna - bargain price

Karta podarunkowa/karta upominkowa - gift card

Reklamacja - consumer complaint

Zwrot - return

Zwrot pieniędzy - refund

Rozmiar - size

Clothes - Vocabulary Revision

T-shirt

shirt

blouse

sweater

sweatshirt

jacket

coat

suit

trousers

jeans

skirt

dress

pants

bra

socks
scarf
gloves
winter hat
winter jacket
shorts
swimsuit
sun hat
gym shoes/sneakers
sandals
moon boots/winter shoes
high-heeled shoes/high heels
casual shoes
slippers
flip-flops
glasses
sunglasses
bag
shopping bag
cap
hat
belt
watch
tie
wallet
backpack
laptop bag

earrings
necklace
bracelet/wristband
leather
cotton
fitting room/dressing room
clothing rack
fashionable/trendy
bargain
gift card
return
refund
size

Body and Health

Głowa - Head

Twarz - face

Włosy - hair

Uszy - ears (ucho - ear)

Oczy - eyes (oko - eye)

Nos - nose

Usta - mouth

Język - tongue

Zęby - teeth (ząb - tooth)

Szyja - neck

Gardło - throat

Czoło - forehead

Rzęsy - eyelashes (rzęsa - eyelash)

Brwi – eyebrows (brew – eyebrow)

Policzki – cheeks (policzek – cheek)

Górne części ciała – Upper Body

Klatka piersiowa – chest

Plecy – back

Dłoń – hand

Ręka – arm

Łokieć – elbow

Palce – fingers (palec – finger)

Nadgarstek – wrist

Brzuch – stomach

Piersi – breasts

Dolne części ciała – Lower Body

Biodra – hips (biodro – hip)

Pośladki – bottom

Nogi – legs (noga – leg)

Stopy – feet (stopa – foot)

Palce u nóg – toes (palec u nogi – toe)

Kolana – knees (kolano – knee)

Pięty – heels (pięta – heel)

Kostka – ankle

Uda – thighs (udo – thigh)

Łydki – calves (łydka – calf)

Kości i organy wewnętrzne – Bones and Internal Organs

Żebra – ribs (żebro – rib)

Czaszka – skull

Żołądek – stomach

Serce – heart
Płuca – lungs (płuco – lung)
Wątroba – liver
Nerki – kidneys
Naczynia krwionośne – blood vessels
Mięśnie – muscles (mięsień – muscle)

At the Hospital/Health Center:

Szpital – hospital
Ośrodek zdrowia – health center
Poczekalnia – waiting room
Izba przyjęć – casualty department
Szpitalny Oddział Ratunkowy (SOR) – emergency department
Karetka pogotowia/ambulans – ambulance
Karta pacjenta – medical history (chart)
Oddział chirurgiczny – surgical ward
Oddział intensywnej terapii – intensive care unit
Gabinet zabiegowy – doctor's office/treatment room

At the Doctor's Office:

Doktor/lekarz – doctor
Objawy – symptoms (objaw – symptom)
Choroby przewlekłe – chronic diseases
Choroba – disease/illness
Dolegliwość – condition
Zastrzyk – injection
Szczepionka – vaccine
Recepta – prescription
Badanie krwi – a blood test

Badanie USG – ultrasonography/USG

Prześwietlenie/rentgen – X-ray

Mieć prześwietlenie – to have an X-ray

Gips – cast/plaster cast

Ubezpieczenie zdrowotne – health insurance

Ubezpieczony/ubezpieczona – insured

Zwolnienie lekarskie – sick note

Stetoskop – stethoscope

Waga – scale

Igła – needle

Conditions:

Ból głowy – headache

Ból brzucha – stomachache

Ból zęba – toothache

Boleć – to hurt

Ból – ache/pain

Gorączka – fever/temperature

Kaszel – cough

Katar – runny nose

Ból gardła – sore throat

Przeziębienie – cold

Grypa – the flu/influenza

Grypa żołądkowa – gastric flu

Złamana ręka – broken arm

Złamana noga – broken leg

Skręcona kostka – twisted ankle

Spuchnięta kostka – swollen ankle
Siniaki – bruises
Bóle w klatce piersiowej – chest pains
Wymiotować – vomit
Nudności/mdłości – nausea
Biegunka/rozwolnienie – diarrhea
Wysypka – rash
Cukrzyca – diabetes
Uczulony na – allergic to
Ciśnienie krwi – blood pressure
Zatrucie pokarmowe – food poisoning

Medication:

Tabletki na ból głowy – headache tablets
Lekarstwo na przeziębienie – cold remedy
Tabletki przeciw chorobie lokomocyjnej – motion sickness pills
Tabletki nasenne – sleeping pills
Lekarstwo na trawienie – stomach powder/indigestion remedy
Syrop na kaszel – cough syrup
Krople do oczu – eye drops
Krople do nosa – nose drops/nasal drops
Krople żołądkowe – stomach drops
Lek przeciwgorączkowy – antipyretic drug
Bandaż/opatrunek – dressing
Woda utleniona – hydrogen peroxide
Rękawiczki medyczne – medical gloves
Leki antydepresyjne – antidepressants
Leki przeciwgorączkowe – antipyretics

Antybiotyki – antibiotics

Leki uspokajające – tranquilizers

Body and Health – Vocabulary Revision

head

face

hair

ears

eyes

nose

mouth

tongue

teeth

throat

chest

back

hand

arm

fingers

stomach

hips

legs

feet

toes

knees

heels

skull

stomach

- heart
- lungs
- muscles
- hospital
- health center
- waiting room
- casualty department
- emergency department
- ambulance
- doctor
- disease/illness
- condition
- injection
- vaccine
- prescription
- health insurance
- insured
- sick note
- headache
- stomachache
- toothache
- fever/temperature
- cough
- runny nose
- sore throat
- cold
- the flu/influenza

gastric flu
broken arm
broken leg
chest pains
vomit
nausea
diarrhea
diabetes
allergic to
blood pressure
food poisoning
headache tablets
motion sickness pills
sleeping pills
cough syrup
eye drops
stomach drops
dressing
antidepressants
antibiotics
tranquilizers

In the House

Salon/pokój dzienny – living room

Kuchnia – kitchen

Łazienka – bathroom

Sypialnia – bedroom

Strych – attic

Garaż – garage

Dach – roof

Łazienka dla gości – guest bathroom

Ogród – garden

Jadalnia – dining room

Appliances:

Pralka – washing machine

Zmywarka – dishwasher

Mikrofalówka – microwave

Piekarnik – oven

Zlew – sink

Suszarka – hairdryer

Telewizor – TV

Żelazko – iron

Robot kuchenny – food processor

Odkurzacz – vacuum cleaner

Mop – mop

Sokowirówka – juicer

Mikser/blender – blender

Lodówka – fridge

Zamrażarka – freezer

Ładowarka do telefonu – phone charger

In the Kitchen:

Garnek – pot

Patelnia – frying pan

Talerz – plate

Szklanka – glass

Widelec – fork

Nóż – knife

Łyżka – spoon

Łyżeczka – teaspoon

Lada kuchenna – kitchen counter

Kran – tap

Ekspres do kawy – coffee machine

Szafka kuchenna – cupboard

Miska – bowl

Kubek – mug

Filiżanka – teacup/coffee cup

Czynności w domu – Activities at Home:

Sprzątać – to clean

Gotować – to cook

Prasować – to iron

Odkurzać – to vacuum

Myć naczynia – to wash the dishes

Oglądać telewizję – to watch TV

Płacić czynsz – to pay the rent

Myć okna – to clean windows

Odgracać – to declutter

Prać ubrania – to wash the clothes

Podlewać rośliny – to water the plants

Kosić trawnik – to mow the lawn

Myć samochód – to wash the car

Naprawiać – to fix

In the House – Vocabulary Revision

living room
kitchen
bathroom
bedroom
garage
roof
guest bathroom
garden
dining room
washing machine
dishwasher
microwave
oven
sink
hairdryer
TV
iron
vacuum cleaner
fridge
phone charger
pot
frying pan
plate
glass
fork
knife

spoon

teaspoon

tap

coffee machine

cupboard

bowl

mug

teacup/coffee cup

to clean

to cook

to iron

to vacuum

to wash the dishes

to watch TV

to pay the rent

to wash the clothes

to fix

Sport and Fitness

Sports:

Igrzyska Olimpijskie – the Olympic Games

Liga Mistrzów – Champions League

Mecz – match

Piłka nożna – football

Piłka ręczna – handball

Siatkówka – volleyball

Koszykówka – basketball

Baseball – baseball

Futbol amerykański – American football

Skok w dal – long jump

Skok wzwyż – high jump

Skok o tyczce – pole vault

Rzut oszczepem – javelin throw

Rzut młotem – hammer throw

Sprint – sprint

Kolarstwo – cycling

Żużel – speedway

Formuła 1 – Formula One/F1

Tenis – tennis

Badminton – badminton

Golf – golf

Kręgle – bowling

Żeglarstwo – sailing

Tenis stołowy – table tennis

Gimnastyka – gymnastics

Siatkówka plażowa – beach volleyball

Sztuki walki – martial arts

Boks – boxing

Łucznictwo – archery

Strzelanie – shooting

Wyścigi konne – horse racing

Winter Sports:

Jazda na nartach – skiing

Skoki narciarskie – ski jumping

Turniej Czterech Skoczni – Four Hills Tournament

Łyżwiarstwo – ice-skating

Łyżwiarstwo figurowe – figure skating

Łyżwiarstwo szybkie – speed skating

Hokej na lodzie – ice hockey

Jazda na desce – snowboarding

Saneczkarstwo – tobogganing

Bobsleje – bobsleigh

Daily Sport Activities:

Bieganie – running/jogging

Spacer z kijkami/Nordic walking – Nordic walking

Spacerowanie – walking

Jazda na rowerze – bike riding

Jazda na rolkach – rollerblading

Jazda na wrotkach – roller skating

Jazda na deskorolce – skateboarding

Jazda na skuterze wodnym – jetskiing

Jazda na motocyklu – motorcycling

Taniec – dancing

Kalistenika – calisthenics

Wspinaczka górska – climbing

Wspinaczka ściankowa – indoor climbing

Siłownia na powietrzu – outdoor gym

Joga – yoga

Aerobik – aerobics

Aerobik wodny – aquarobics

Pływanie – swimming

Kajakarstwo – canoeing

Extreme Sports:

Skok na bungee – bungee jumping

Skok ze spadochronem – parachute

Spływ górski – white-water rafting

Windsurfing – windsurfing

Szybownictwo – gliding

Nurkowanie pod lodem – ice diving

Alpinizm jaskiniowy – caving

Narciarstwo ekstremalne – extreme skiing

Alpinizm – alpinism

Himalaizm – himalaism

Sports Equipment:

Narty – ski

Deskorolka – skateboard

Rolki – rollerblades

Wrotki – skates

Rower – bike

Łyżwy – skates (for ice-skating)

Motocykl – motorbike

Mata do jogi – yoga mat

Ciężarki – weights

Lina – rope

Kask rowerowy – bicycle helmet

Ochraniacze – athletic support

Strój sportowy – leisurewear

Sanki – sledge

Plecak – backpack

Buty wspinaczkowe - climbing shoes
Buty do biegania - running shoes
Kamizelka ratunkowa - life jacket
Rakieta tenisowa - tennis racket
Rakieta do badmintona - badminton racket
Bolid formuły 1 - Formula 1 car
Spadochron - parachute
Żaglówka - sailing boat

Sport and Fitness - Vocabulary Revision

match
football
handball
volleyball
basketball
baseball
American football
cycling
speedway
tennis
golf
bowling
sailing
beach volleyball
boxing
skiing
ski jumping
ice-skating

snowboarding
running/jogging
Nordic walking
walking
bike riding
rollerblading
roller skating
skateboarding
motorcycling
dancing
climbing
outdoor gym
yoga
aerobics
swimming
bungee jumping
windsurfing
ski
skateboard
rollerblades
skates
bike
skates (for ice-skating)
motorbike
yoga mat
bicycle helmet
athletic support

backpack
climbing shoes
running shoes
life jacket
tennis racket

Countries

Countries – kraje:

Polska – Poland
Wielka Brytania – Great Britain (the UK)
Stany Zjednoczone/USA – United States/USA
Niemcy – Germany
Francja – France
Hiszpania – Spain
Czechy – the Czech Republic
Włochy – Italy
Portugalia – Portugal
Grecja – Grecce
Holandia – the Netherlands
Belgia – Belgium
Węgry – Hungary
Słowacja – Slovakia
Ukraina – Ukraine
Turcja – Turkey
Dania – Denmark
Norwegia – Norway
Szwecja – Sweden
Finlandia – Finland

Chorwacja – Croatia
Irlandia – Ireland
Islandia – Iceland
Rosja – Russia
Chiny – China
Japonia – Japan
Australia – Australia
Brazylia – Brazil
Argentyna – Argentina
Kolumbia – Colombia
Meksyk – Mexico
Kanada – Canada
Egipt – Egypt
Izrael – Israel

Continents – kontynenty:
Ziemia – Earth
Europa – Europe
Azja – Asia
Australia – Australia
Afryka – Africa
Antarktyda – Antarctica
Ameryka Północna – North America
Ameryka Południowa – South America
Ameryka Środkowa – Central America

Countries – Vocabulary Revision
Poland
Great Britain/UK

United States/USA
Germany
France
Spain
the Czech Republic
Italy
Portugal
Greece
the Netherlands
Belgium
Hungary
Slovakia
Ukraine
Turkey
Denmark
Norway
Sweden
Croatia
Ireland
Iceland
Russia
China
Japan
Australia
Brazil
Argentina
Colombia

Mexico

Canada

Egypt

Israel

Earth

Europe

Asia

Australia

Africa

Antarctica

North America

South America

Central America

Traveling and Holidays

Na lotnisku – At the Airport:

Lotnisko – airport

Samolot – plane

Lot – flight

Bagaż – luggage

Bagaż rejestrowany – hold baggage

Bagaż podręczny – hand baggage

Parking – car park/parking

Strefa wolnocłowa – duty-free zone

Wolny od cła – duty-free

Towary – goods

Toaleta – toilet

Odprawa – check-in

Strażnik/ochroniarz - security guard

Bilet - ticket

Paszport - passport

Kontrola paszportowa - passport control

Dowód osobisty - identity card/ID card

Wejście na pokład - boarding

Lądowanie - landing

Opóźniony - delayed

Odloty - departures

Przyloty - arrivals

Hala odlotów - departure lounge

Lądowanie awaryjne - emergency landing

Międzylądowanie - layover/intermediate landing

Pas bezpieczeństwa - seat belt

Na dworcu autobusowym/kolejowym - At the Train Station/Bus Station:

Dworzec kolejowy - train station/railway station

Dworzec autobusowy - bus station/coach station

Kasa biletowa - ticket office

Pociąg - train

Autobus - bus

Bilet na pociąg/bilet kolejowy - railway ticket

Bilet na autobus/bilet autobusowy - bus ticket

Peron - platform

Tory kolejowe - railway track/railroad track

Kierowca autobusu - bus driver

Konduktor – guard/conductor (the word *konduktor* is only used concerning trains)

Wagon – carriage/car

Przedział – compartment

Wagon sypialny – sleeper/sleeping carriage

Wagon restauracyjny/WARS – diner/restaurant car

Miejsce – seat

Walizka – suitcase

Plecak – backpack

Torebka – purse

Opóźniony – delayed

Przesiadka – change/stopover

Przystanek autobusowy – bus stop

Rozkład jazdy – train schedule/bus schedule

Trasa pociągu – train path

Bilet normalny – full-price ticket

Bilet ulgowy – reduced-fare ticket

Bilet studencki – student ticket

On the Road

Znak drogowy – road sign

Znak ostrzegawczy – warning sign

Znak zakazu – prohibition sigh

Znak nakazu – mandatory sign

Znaki poziome – road surface markings

Ścieżka rowerowa – bike path

Przejście dla pieszych – pedestrian crossing

Lustro drogowe – street mirror

Skrzyżowanie/krzyżówka - intersection/junction
Rondo - roundabout/traffic circle
Wiadukt - flyover
Przejazd kolejowy - railroad crossing/railway crossing
Most - bridge
Parking - parking/car park
Bilet parkingowy - parking ticket
Kwit parkingowy - parking voucher
Zjazd z autostrady - exit ramp
Pas awaryjny - emergency lane
MOP (miejsce obsługi podróżnych) - motorway service area
Tunel - tunnel
Przeprawa promowa - ferry crossing
Limit prędkości - speed limit
Korek - traffic jam
Wypadek samochodowy/wypadek na drodze - car accident
Fotoradar - street camera
Bramki na autostradzie - motorway gates
Paliwo - fuel
Benzyna - petrol/gasoline
Benzyna bezołowiowa - unleaded petrol/lead-free petrol
Benzyna ołowiowa - leaded petrol
Ropa/ON - petroleum
Dystrybutor paliwa - petrol pump/gas pump
Myjnia samochodowa - car wash
Myjnia bezdotykowa - touch-free/touchless car wash
Ulica - street

Droga - road
Sygnalizacja świetlna - traffic lights
Skrzyżowanie - crossroads/junction
Znak drogowy - road sign
Drogowskaz - signpost
Przejście podziemne - underpass
Przejście dla pieszych - pedestrian crossing
Chodnik - pavement/sidewalk
Ścieżka rowerowa - bike path/cycle path

In Your Car:

Pasażer - passenger
Kierowca - driver
Samochód - car
Samochód ciężarowy - lorry/truck
Motocykl - motorbike
Samochód elektryczny - electric car
Kierownica - steering wheel
Siedzenia - seats
Pasy bezpieczeństwa - seat belts
Pedał gazu - accelarator
Hamulec - brake
Hamulec ręczny - handbrake/emergency brake
Skrzynia biegów - gearbox/transmission
Sprzęgło - clutch
Lusterko boczne - wing mirror
Lusterko wsteczne - rearview mirror
Wycieraczki - wipers

Światła do jazdy dziennej/światła krótkie - daytime running lamps

Światła drogowe/światła długie - full beam/driving beam

Światła przeciwmgielne - fog lamps

Kierunkowskaz - indicator/turn signal

Opona - tire

Koło zapasowe - spare wheel

Bagażnik - boot/trunk

Gaśnica - fire extinguisher

Trójkąt ostrzegawczy - warning triangle

Linka holownicza - towrope

Apteczka samochodowa - car emergency kit

Lewarek/podnośnik - jack

Prawo jazdy - driver's license

Dówód rejestracyjny - registration document

Ubezpieczenie OC - liablity insurance

Wypożyczać samochód - rent a car

Wypożyczalnia samochodów - car hire/car rental

Regulamin - rules and regulations

Bak - petrol tank

Olej silnikowy - motor oil

Płyn do spryskiwaczy - windshield washer fluid/screenwash

Silnik - engine/motor

Kinds of Accommodation:

Hotel - hotel

Hostel/schronisko - youth hostel

Pensjonat - pension

Domek/bungalow – bungalow
Kurort/ośrodek wypoczynkowy – resort
Kurort nadmorski – beach resort
Przyczepa kempingowa/kemping – caravan
Obozowisko/pole kempingowe – campsite
Motel – motel
Hotel pięciogwiazdkowy – five-star hotel
Mieszkanie prywatne – private flat
Apartament – suite
Schronisko turystczne – rest house
Schronisko górskie – mountain chalet
Namiot – tent

At a Hotel:

Recepcja – reception
Hol – lobby
Restauracja hotelowa – hotel restaurant
Bar hotelowy – hotel bar
Pokój – room
Klucz – key
Pokój jednoosobowy – single room
Pokój dwuosobowy – double room
Obsługa hotelowa – room service
Parking dla gości – parking space for guests
Piętro/poziom – floor/level
Winda – lift/elevator
Schody – stairs
Balkon – balcony

Taras – terrace/patio

Pokój z aneksem kuchennym – room with a kitchenette

Rezerwować – book/make a reservation

Zameldowanie – check-in

Wymeldowanie – check-out

Pełne wyżywienie – full board

Niepełne wyżywienie – half board

Śniadanie – breakfast

Lunch – lunch

Obiadokolacja – dinner

Przekąski - snacks

In Your Room:

Klimatyzacja – air conditioning

Ogrzewanie – heating

Klucz – key

Łóżko – bed

Łóżko jednoosobowe – twin bed

Łóżko dwuosobowe/łoże małżeńskie – queen bed

Łóżko piętrowe – bunk bed

Garderoba/szafa na ubrania – wardrobe/closet

Stolik nocny – bedside table

Telewizor – TV

Darmowe Wi-Fi – Free Wi-Fi

Hasło do Wi-Fi – Wi-Fi password

Okno – window

Łazienka – bathroom

Wanna – bathtub

Prysznic – shower

Sejf – safe deposit box/safe

Suszarka do włosów – hairdryer

Czajnik bezprzewodowy – electric kettle

Lodówka – fridge

Traveling and Holidays – Vocabulary Revision

an airport

a plane

a flight

luggage

hold baggage

hand baggage

a car park/parking

a toilet

check-in

a security guard

a ticket

a passport

passport control

an identity card/ID card

delayed

departures

arrivals

a departure lounge

a seat belt

a train station/railway station

a bus station/coach station

a ticket office

a train

a bus

a railway ticket

a bus ticket

a platform

a railway track/railroad track

a bus driver

a carriage/car

a compartment

a seat

a suitcase

a backpack

a purse

delayed

a bus stop

a train schedule/bus schedule

a train path

a road sign

a bike path

a pedestrian crossing

an intersection/junction

a roundabout/traffic circle

a bridge

parking/car park

a parking ticket

an exit ramp

an emergency lane

motorway service area

a ferry crossing

speed limit

a traffic jam

a car accident

a street camera

fuel

petrol/gasoline

petroleum

car wash

touch-free/touchless car wash

street

road

traffic lights

a passenger

a driver

a car

a lorry/truck

a motorbike

an electric car

a steering wheel

seats

seat belts

an accelerator

a brake

a handbrake/emergency brake

a gearbox/transmission

wipers

a tire

a spare wheel

a fire extinguisher

a warning triangle

a towrope

a car emergency kit

a jack

a driver's license

a registration document

liability insurance

to rent a car

a car hire/car rental

rules and regulations

a petrol tank

windshield washer fluid/screenwash

an engine/motor

HOLIDAYS:

a hotel

a youth hostel

a pension

a bungalow

a resort

a beach resort

a caravan

a campsite

a motel

a private flat

a suite

a rest house

a mountain chalet

a tent

At a Hotel:

a reception

a lobby

a hotel restaurant

a hotel bar

a room

a key

a single room

a double room

room service

parking space for guests

a floor/a level

a lift/an elevator

stairs

a balcony

a terrace/a patio

a room with a kitchenette

to book/to make a reservation

check-in

check-out

full board

half-board

breakfast

lunch

dinner

In Your Room:

air conditioning

heating

a key

a bed

a twin bed

a queen bed

a bunk bed

a wardrobe/a closet

a bedside table

a TV

Free Wi-Fi

a Wi-Fi password

a window

a bathroom

a bathtub

a shower

a safe deposit box/a safe

a hairdryer

an electric kettle

a fridge

Money

At the Bank:

Bank – bank

Wypłata pieniędzy – cash withdrawal

Wypłacać – withdraw

Gotówka – cash

Karta kredytowa – credit card

Karta zbliżeniowa – tap-and-go card/proximity card

Pieniądze – money

Czek – cheque

Wpłata – deposit

Wpłacać – to deposit

Konto bankowe – bank account

Konto oszczędnościowe – savings account

Oszczędności – savings

Przelew bankowy – bank transfer

Przelew krajowy – domestic transfer

Debet – debit/overdraft

Bankomat – ATM/cash machine

Wpłatomat – CDM/cash deposit machine

Potwierdzenie zapłaty – payment confirmation

Transakcja finansowa – financial transaction

Historia transakcji – transaction history

Kredyt – credit/loan

Kredyt studencki – student loan

Kredyt hipoteczny – mortgage

Kredyt konsumpcyjny – consumer credit

Pożyczka – loan

Dług – debt

Rata – instalment

Odsetki – interest

Lokata – deposit/investment

Stopa procentowa – interest rate

Podatek – tax

Podatek dochodowy – income tax

Podatek VAT – VAT/value-added tax

Faktura – invoice

Umowa – agreement/contract

At the Exchange Office:

Kantor wymiany walut – currency exchange/exchange office

Waluta – currency

Kurs wymiany walut – exchange rate

Bieżący kurs – current rate of exchange

Waluta krajowa – national currency

Wymienić – exchange

Kupić – buy

Sprzedać – sell

Przewalutować – convert a currency

Złoty Polski – Polish zloty

Euro – Euro

Funt brytyjski – British pound

Dolar amerykański – US dollar

Hrywna ukraińska – Ukrainian hryvnia

Korona czeska – Czech koruna

Korona norweska – Norwegian krone

Korona szwedzka – Swedish krone

Forint węgierski – Hungarian forint
Dolar kanadyjski – Canadian dollar
Dolar australijski – Australian dollar
Jen japoński – Japanese yen
Rubel rosyjski – Russian rouble
Rupia indyjska – Indian rupee
Real brazylijski – Brazilian real
Lira turecka – Turkish lira
Kryptowaluta – a cryptocurrency
Bitcoin – Bitcoin

Money – Vocabulary Revision

At the Bank:

bank

cash withdrawal

withdraw

cash

credit card

tap-and-go card/proximity card

money

cheque

deposit

to deposit

bank account

savings account

savings

bank transfer

domestic transfer

debit/overdraft
ATM/cash machine
CDM/cash deposit machine
payment confirmation
financial transaction
transaction history
credit/loan
student loan
mortgage
consumer credit
loan
debt
instalment
interest
deposit/investment
interest rate
tax
income tax
invoice

At the Exchange Office:
currency exchange/exchange office
currency
exchange rate
current rate of exchange
national currency
exchange
buy

sell

convert a currency

Polish zloty

Euro

a cryptocurrency

Bitcoin

School and Education

School Subjects:

Edukacja – education

Język polski – Polish

Matematyka – mathematics/maths

Język obcy – foreign language

Język angielski – English

Język niemiecki – German

Język hiszpański – Spanish

Geografia – geography

Historia – history

Biologia – biology

Chemia – chemistry

Fizyka – physics

Religia – religion

Wychowanie fizyczne (WF) – physical education (PE)

Muzyka – music class

Plastyka – art class

Informatyka – IT class

Godzina wychowawcza – form period/homeroom period

Zajęcia dodatkowe – extracurricular activities

Kółko zainteresowań - special interest group

Zajęcia wyrównawcze - remedial class

Gimnastyka korekcyjna - remedial exercises

Zajęcia praktyczne - practical class

Zajęcia do wyboru - elective courses

Zajęcia wychowawcze - advisory class

Zajęcia wieczorowe - night class

At School:

Nauczyciel - teacher

Uczeń - student

Dyrektor szkoły - school head teacher/school principal

Sala lekcyjna - classroom

Lekcja - lesson

Zajęcia - class

Stołówka - cafeteria/canteen

Sklepik szkolny - tuck shop

Szatnia - changing room

Sala gimnastyczna - school gym

Boisko szkolne - school playground

Sekretariat szkolny - school's secretary office

Biblioteka szkolna - school library

Czytelnia - a reading room

Sala komputerowa - IT suite

Gabinet dyrektora - head teacher's office

Woźny - caretaker

Dzwonek szkolny - school bell

Przerwa - break

Przerwa śniadaniowa – lunch break
Świetlica szkolna – afterschool club
Autobus szkolny – school bus
Wycieczka szkolna – school trip
Sprawdzian/test – test
Ocena – grade (oceny – grades)
Kartkówka – short quiz
Kartkówka ze słówek – vocabulary quiz
Egzamin państwowy – state exam
Uczyć się – to learn/to study
Uczyć się na pamięć – to learn by heart
Czytać – read
Pisać – write
Słuchać – listen
Bawić się/grać – play
Wkuwać – swot/cram
Zaliczyć/zdać test – to pass a test
Oblać test/nie zaliczyć testu – to fail a test
Pisać egzamin – to take a test
Poprawiać test – to retake a test
Egzamin poprawkowy/poprawka – retake
Dziennik lekcyjny – register
Prezentacja – presentation
Egzamin ustny – oral exam
Egzamin pisemny – written exam
Zadanie domowe – homework

Projekt – project
Praca w grupach – group work
Praca w parach – pair work
Rozmowa – conversation
Dyskusja – discussion
Burza mózgów – brainstorm

School Objects:
Podręcznik szkolny – student book
Zeszyt ćwiczeń – workbook
Książka – book
Lektura szkolna – set book
Spis lektur – reading list
Słownik – dictionary
Zeszyt – notebook
Długopis – pen
Ołówek – pencil
Flamaster – marker pen
Kredki – colored pencils
Kredki świecowe – crayons
Farby plakatowe – poster colors/poster paints
Plastelina – plasticine/play dough
Pastele – dry pastels
Pędzel – brush
Blok rysunkowy – sketch pad
Ekierka – set square/triangle
Linijka – ruler
Kątomierz – protractor

Cyrkiel – compass
Gumka do mazania – rubber/eraser
Klej w sztyfcie – glue stick
Nożyczki – scissors
Piórnik – pencil case
Plecak – schoolbag
Ławka szkolna – desk
Tablica – blackboard
Biała tablica – whiteboard
Tablica interaktywna – interactive board
Marker do tablicy – whiteboard marker
Kosz na śmieci – dustbin
Gazetka ścienna – noticeboard/bulletin board

At the University:
Uniwersytet – University/college
Stopień naukowy – degree
Student – student
Wykładowca – lecturer
Wykład – lecture
Sala wykładowa – lecture room
Aula – lecture hall
Licencjat – bachelor's degree
Magister – master's degree
Dyplom/świadectwo – diploma
Zajęcia praktyczne – practicals
Praktykant – trainee
Praktykant w szkole – student teacher

Notatki - notes
Robić notatki - to take notes
Wygłaszać mowę - to give a speech
Przygotowywać prezentację - to prepare a presentation
Badanie - research/study
Przeprowadzać badanie - to conduct research
Wyniki badania - results of the study
Rektor uniwersytetu - college president/university president
Egzamin - exam
Sesja egzaminacyjna - exam session
Zaliczenie warunkowe - conditional promotion
Rok studiów - college level
Praca dyplomowa - thesis
Praca licencjacka - bachelor's thesis/BA thesis
Praca magisterska - master's thesis/MA thesis
Studia zaoczne - extramural studies
Studia dzienne - full-time studies
Kampus uniwersytecki - university campus
Dziekanat - deanery/dean's office
Doktorat - doctorate
Praca doktorancka - Ph.D. thesis
Absolwent - graduate
Absolutorium - graduation ceremony
Wydział - institute
Władze szkoły - school authorities
Rekrutacja - recruitment
Egzaminy wstępne - entrance exams

Wymiana studencka – student exchange program

Indeks – student book

Legtymacja studencka – student ID card

Kredyt studencki – student loan

Akademik – residence hall/dormitory

Europejski System Transferu Punktów (ECTS) – European Credit Transfer System (ECTS)

School and Education – Vocabulary Revision

School Subjects:

education

Polish

mathematics/maths

foreign language

English

German

Spanish

geography

history

biology

chemistry

physics

physical education (PE)

music class

art class

IT class

form period/homeroom period

extracurricular activities

special interest group

remedial class

remedial exercises

practical class

At School:

teacher

student

school head teacher/school principal

classroom

lesson

class

cafeteria/canteen

tuck shop

changing room

school gym

school playground

school's secretary office

school library

a reading room

IT suite

head teacher's office

caretaker

school bell

break

lunch break

afterschool club

school bus

school trip
test
grade
short quiz
vocabulary quiz
state exam
to learn/to study
to learn by heart
read
write
listen
play
swot/cram
to pass a test
to fail a test
to take a test
to retake a test
retake
register
presentation
oral exam
written exam
homework
project
group work
pairwork
conversation

discussion

brainstorm

School Objects:

student book

workbook

book

set book

reading list

dictionary

notebook

pen

pencil

marker pen

colored pencils

crayons

poster colors/poster paints

plasticine/play dough

dry pastels

brush

sketch pad

set square/triangle

ruler

protractor

compass

rubber/eraser

glue stick

scissors

pencil case
schoolbag
desk
blackboard
whiteboard
interactive board
whiteboard marker
dustbin
noticeboard/bulletin board

At the University:
University/college
degree
student
lecturer
lecture room
lecture hall
bachelor's degree
master's degree
diploma
practicals
trainee
student teacher
to take notes
to give a speech
to prepare a presentation
research/study
to conduct research

results of the study
college president/university president
exam
exam session
conditional promotion
college level
thesis
bachelor's thesis/BA thesis
master's thesis/MA thesis
extramural studies
full-time studies
university campus
deanery/dean's office
Ph.D. thesis
graduate
graduation ceremony
institute
school authorities
recruitment
entrance exams
student exchange program
student book
student ID card
student loan
residence hall/dormitory

Work and Career

Professions:

Zawód – profession

Lekarz – doctor

Nauczyciel – teacher

Biznesmen – businessman

Bizneswoman – businesswoman

Prawnik – lawyer

Pielęgniarka – nurse

Sprzedawca – shop assistant

Księgowy/księgowa – accountant

Strażak – firefighter

Żołnież – soldier

Policjant – policeman

Policjantka – policewoman

Szef kuchni – chef

Kucharz – cook

Kelner – waiter

Kelnerka – waitress

Pilot – pilot

Naukowiec – scientist

Listonosz – postman

Tłumacz – translator

Mechanik – mechanic

Hydraulik – plumber

Malarz – painter

Aktor – actor

Aktorka – actress
Kierowca – driver
Sprzątacz/sprzątaczka – cleaner
Dentysta – dentist
Rolnik – farmer
Inżynier – engineer
Kierownik/menedżer – manager
Fotograf – photographer
Muzyk – musician
Sekretarz/sekretarka – secretary
Kierowca taksówki – taxi driver
Pisarz – writer
Opiekun/opiekunka – babysitter
Piekarz – baker
Fryzjer – hairdresser
Filmowiec – filmmaker
Dziennikarz – journalist
Ksiądz – priest
Weterynarz – vet
Psycholog – psychologist
Badacz – researcher

At a Workplace:

Miejsce pracy – workplace
Biuro – office
Praca – job
Fabryka – factory
Firma – company

Siedziba firmy – headquarters
Korporacja – corporation
Pracownik – employee
Pracodawca – employer
Szef/szefowa – boss
Koledzy z pracy – colleagues/coworkers
Praca zdalna – remote working
Pracownik fizyczny – blue-collar worker
Pracować – work
Wypłata – salary
Zarobki – earnings/wages
Brutto – gross
Netto – post-tax
Podatek – tax
Awans – promotion
Dostać awans – to get a promotion
Dostać pracę – to get a job
Być zwolnionym – to be dismissed
Być zwolnionym natychmiastowo – to be fired
Zredukować personel – to make people redundant
Podwyżka – pay rise
Dostać podwyżkę – to get a pay rise
Praca na cały etat – full-time job
Praca na pół etatu – part-time job
Praca dodatkowa – side job
Praca zmianowa – shift job
Nocna zmiana/nocka – night shift

Rozmowa o pracę - job interview

Umowa o pracę - job agreement

Życiorys (CV) - curriculum vitae (CV)

Podanie o pracę - job application form

Stanowisko - position

Kwalifikacje - qualifications

Wymagania - requirements

Umiejętności - skills

Wykształcenie - education

Doświadczenie zawodowe - job experience

Dział kadr - personnel department/HR

Dział obsługi klienta - customer service department

Dział wsparcia technicznego - help desk

Wyjazd służbowy - business trip

Notatka służbowa - memo

Spotkanie - meeting

Urlop - leave

Urlop macierzyński - maternity leave

Urlop zdrowotny - sick leave

Urlop bezpłatny - unpaid leave

Płatny urlop wypoczynkowy - paid vacation leave

Work and Career - Vocabulary Revision
Professions:
profession

doctor

teacher

businessman
businesswoman
lawyer
nurse
shop assistant
accountant
firefighter
soldier
policeman
policewoman
chef
cook
waiter
waitress
pilot
scientist
postman
translator
mechanic
plumber
painter
actor
actress
driver
cleaner
dentist
farmer

engineer
manager
photographer
musician
secretary
taxi driver
writer
babysitter
baker
hairdresser
filmmaker
journalist
priest
vet
psychologist
researcher

At a Workplace:
workplace
office
job
factory
company
headquarters
corporation
employee
employer
boss

colleagues/coworkers
remote working
blue-collar worker
work
salary
earnings/wages
gross
post-tax
tax
promotion
to get a promotion
to get a job
to be dismissed
to be fired
to make people redundant
pay rise
to get a pay rise
full-time job
part-time job
side job
shift job
night shift
job interview
job agreement
curriculum vitae (CV)
application form
position

qualifications
requirements
skills
education
job experience
personnel department/HR
customer service department
help desk
memo
meeting
leave
maternity leave
sick leave
unpaid leave
paid vacation leave

Doing the Shopping

Sklep – shop

Sklep spożywczy – grocery store

Sklep odzieżowy – clothing shop

Skep obuwniczy – shoe shop

Piekarnia – bakery/baker's

Cukiernia – confectionery

Księgarnia – bookshop

Stacja benzynowa – petrol station/gas station

Apteka – pharmacy

Drogeria – drugstore/chemist

Kiosk – paper shop/newsagent's/kiosk

Supermarket – supermarket

Sklep samoobsługowy – self-service shop

Sklep sportowy – sports shop

Sklep monopolowy – liquor store/off-licence

Sklep mięsny – butcher's shop/meat market

Sklep z narzędziami – hardware shop

Sklep wielobranżowy – general store

Sklep z upominkami – gift shop

Sklep z pamiątkami – souvenir shop

Sklep wolnocłowy – duty-free shop

Pieniądze – money

Gotówka – cash

Karta płatnicza – payment card/credit card (In Polish stores, people usually say *karta* [card])

Reszta/drobne – change

Banknot – banknote

Terminal płatniczy – payment terminal

Paragon – receipt

Wózek – shopping cart/shopping basket

Produkt – product

Kasa – checkout

Wyprzedaż – sale

Promocja – special offer

Karta podarunkowa – gift card

Zwrot – return

At the Supermarket:

Wejście – entrance

Wyjście – exit
Kasa – checkout
Kasa samoobsługowa – self-service checkout
Torebka plastikowa – plastic bag
Torba na zakupy – shopping bag
Waga – scales
Alejka – aisle
Artykuły spożywcze – groceries
Artykuły codziennego użytku – convenience goods
Artykuły toaletowe – toiletries
Artykuły biurowe – office supplies/stationery
Podstawowe kosmetyki – Basic Toiletries:
Żel pod prysznic – shower gel
Szampon do włosów – shampoo
Odżywka do włosów – hair conditioner
Dezodorant – deodorant
Mydło – soap
Krem do rąk – hand cream
Balsam do ciała – body lotion
Szczoteczka do zębów – toothbrush
Pasta do zębów – toothpaste
Maszynka do golenia – razor
Płyn po goleniu – aftershave
Pianka do golenia – shaving cream
Papier toaletowy – toilet paper
Chusteczki higieniczne – tissues/wipes

Podpaski – period pads
Tampony – tampons
Lakier do paznokci – nail polish
Zmywacz do paznokci – nail polish remover
Płyn micelarny – micellar water
Płatki kosmetyczne/waciki – cotton pads
Gąbka – sponge
Perfumy – perfume

Produkty do makijażu – Makeup Products:
Podkład – foundation
Cień do powiek – eyeshadow
Kredka do oczu – eye pencil
Eyeliner – eyeliner
Szminka/pomadka – lipstick
Tusz do rzęs/maskara – mascara
Korektor – concealer
Bronzer/róż – bronzer/blush

Produkty do sprzątania – Cleaning Products:
Uniwersalny środek czyszczący – all-purpose cleaner
Proszek do prania – washing powder
Szczoteczka do czyszczenia – cleaning brush
Ściereczka do naczyń – dish towel
Płyn do mycia naczyń – dish soap
Płyn do mycia szyb – window cleaner
Gąbka – sponge

Produkty dla dzieci – Products for Babies

Pieluchy jednorazowe/pampersy – disposable diapers

Smoczek – comforter

Mleko dla niemowląt – baby milk/baby formula

Chusteczki dla niemowląt – baby wipes

Books:

Książka – book

Powieść – novel

Literatura piękna – fiction

Literatura faktu – non-fiction

Literatura dziecięca – children's literature

Przewodnik turystyczny/przewodnik – guidebook

Mapa – map

Plan miasta – a town map – city plan

Bajki dla dzieci – storybooks

Stationery:

Zeszyt/notatnik – notebook

Długopis – pencil

Ołówek – pen

Kredki – colored pencils

Flamaster/pisak – marker pen

Gumka do mazania – rubber/eraser

Temperówka – pencil sharpener

Spinacz do papieru – paper clip

Teczka – file/folder

Taśma klejąca – sticky tape

Souvenirs:

Pamiątki z podróży – souvenirs

Sklep z pamiątkami – souvenir shop

Na pamiątkę – as a souvenir

Koszulka – T-shirt

Kubek – mug

Pocztówka – postcard

Posążek/figurka – figurine

Zapalniczka – lighter

Brelok/breloczek – key fob

Długopis – pen

Magnes na lodówkę – fridge magnet

Zabawka – toy

Książka – book

Etui na okulary – spectacle case

Etui na telefon – phone case

Doing the shopping – Vocabulary Revision

a shop

a grocery store

a clothing shop

a shoe shop

a bakery/baker's

a confectionery

a bookshop

a petrol station/gas station

a pharmacy

a drugstore/chemist

a paper shop/newsagent's/kiosk
a supermarket
a self-service shop
a sports shop
a liquor store/off-licence
a butcher's shop/meat market
a hardware shop
a general store
a gift shop
a souvenir shop
a duty-free shop
money
cash
payment card/credit card
change
a banknote
a payment terminal
a receipt
a shopping cart/shopping basket
a product
a checkout
sale
a special offer
a gift card
a return

At the Supermarket:

entrance

exit
a checkout
a self-service checkout
a plastic bag
a shopping bag
scales
an aisle
groceries
convenience goods
toiletries
office supplies/stationery

Podstawowe kosmetyki – Basic Toiletries:

shower gel
shampoo
hair conditioner
deodorant
soap
hand cream
body lotion
toothbrush
toothpaste
razor
aftershave
shaving cream
toilet paper
tissues/wipes
period pads

tampons

nail polish

nail polish remover

micellar water

cotton pads

sponge

perfume

Produkty do makijażu – Makeup Products:

foundation

eyeshadow

eye pencil

eyeliner

lipstick

mascara

concealer

bronzer/blush

Produkty do sprzątania – Cleaning Products:

all-purpose cleaner

washing powder

cleaning brush

dish towel

dish soap

window cleaner

sponge

Produkty dla dzieci – Products for Babies

disposable diapers

comforter

baby milk/baby formula

baby wipes

Books:

book

novel

fiction

non-fiction

children's literature

guidebook

map

a town map/city plan

storybooks

Stationery:

notebook

pencil

pen

colored pencils

marker pen

rubber/eraser

pencil sharpener

paper clip

file/folder

sticky tape

Souvenirs:

souvenirs

souvenir shop

as a souvenir

T-shirt

mug

postcard

figurine

lighter

key fob

pen

fridge magnet

toy

book

spectacle case

phone case

Sightseeing and Entertainment

Centrum informacji turystycznej - tourist center

Punkt informacji turystycznej - tourist information center

Przewodnik - guide

Przewodnik turystyczny - guidebook

Mapa - map

Plan miasta - city plan

Biuro podróży - travel agency

Rezydent turystyczny - holiday representative

Wycieczka - trip

Wycieczka jednodniowa - day trip

Wycieczka autokarowa - coach trip

Zwiedzanie - tour

Zwiedzanie z przewodnikiem - guided tour

Zwiedzać - to do sightseeing

Wycieczka zorganizowana – organized trip

Zwiedzanie miasta – city tour

Opłata za wstęp – entrance fee

Miejsce zbiórki – assembling point

Czas wolny – free time

Places to Visit in A Town:

Stare miasto – Old town

Kamienice zabytkowe – old tenement buildings

Pomnik – monument

Ratusz – town hall

Ratusz Staromiejski – Old Town Hall

Budynek zabytkowy – heritage building

Pomnik zabytkowy – ancient monument

Budynek sejmu – parliament building

Muzeum – museum

Muzeum nauki – science museum

Muzeum historyczne – history museum

Muzeum narodowe – national museum

Muzeum wojskowe – military and war museum

Muzeum na powietrzu – open-air museum

Galeria sztuki – art gallery

Wystawa – exhibition

Park – park

Most – bridge

Promenada – promenade

Deptak – pedestrian zone/pedestrian street

Kościół – church

Bazylika – basilica

At the cinema:

Kino – cinema

Film – film/movie

Film akcji – action film

Thriller – thriller

Komedia romantyczna – romantic comedy

Komedia – comedy

Horror – horror film

Film historyczny – historical film

Film przygodowy – adventure film

Film science fiction – science-fiction film

Musical/film muzyczny – musical

Sala kinowa – screening room

Miejsce – seat

Rząd – row

Ekran – screen

Bar przekąskowy – snack bar

Popcorn – popcorn

Zimne napoje – cold beverages

Bilet do kina – cinema ticket

At the Theater/Opera:

Teatr – theater

Teatr muzyczny – musical theater

Sztuka – play

Spektakl/przedstawienie – performance

Występować – perform

Aktor/aktorka – actor
Główna rola – lead/major role
Balet – ballet
Balet klasyczny – classical ballet
Kurtyna – curtain
Rekwizyt – prop/stage prop
Scena – stage
Opera – opera
Opera – opera house
Operetka – operetta
Musical – musical
Chór – choir
tancerz/tancerka – dancer
Śpiewak operowy – opera singer (masculine)
Śpiewaczka operowa – opera singer (feminine)

Nightlife:

Klub nocny/klub – nightclub
Klub muzyczny – music club
Bar/pub – bar/pub
Dyskoteka – disco
Barman – barman/bartender
Barmanka – barmaid/bartender
Parkiet – dance floor
Tańczyć – dance
Muzyka – music
Karaoke – karaoke
Śpiewać – sing

Imprezować – party

Spędzać czas z przyjaciółmi – spend time with friends

Zespół muzyczny – music group

DJ/didżej – DJ/club DJ

Drink/koktajl – cocktail

Loża VIP – VIP lounge

Ochroniarze – security guards

At the Swimming Pool:

Akwapark/aquapark – water park

Pływać – swim

Basen kryty – indoor swimming pool

Basen odkryty – outdoor swimming pool

Ręcznik kąpielowy – bath towel

Kółko do pływania – swim ring

Deska do pływania – swimming board

Pływaczki – armbands

Ratownik – life guard

Strój kąpielowy – swimsuit

Przebieralnia – changing room

Przebieralnia damska – women's changing room

Przebieralnia męska – men's changing room

Sauna – sauna

Uzdrowisko/spa – spa

Ośrodek odnowy biologicznej – health spa

Masaż – massage

Masaż twarzy – face massage

Zabieg – treatment
Jacuzzi – hot tub/Jacuzzi

At the Gym:
Karnet na siłownię – gym membership
Trening – workout
Trening kondycyjny – circuit training
Trening siłowy – strength training
Ćwiczenia – exercises
Z przerwami – intervals
Bieżnia stacjonarna/bieżnia – treadmill
Orbitrek – elliptical trainer/cross-trainer
Rower stacjonarny – exercise bicycle
Przyrząd do ćwiczeń siłowych – weight machine
Trening cardio – cardio workout
Podnoszenie ciężarów – weightlifting
Aerobik – aerobics
Mata do ćwiczeń – workout mat
Brzuszki – sit-ups
Przysiady – squats
Pompki – press-ups/push-ups
Hula hop – hula hoop
Skakanka – skipping rope
Ćwiczenia gimnastyczne – keep fit exercises
Strój na siłownię – gym clothes
Leginssy na siłownię – gym leggings

In the Park:
Spacer – walk

Przechadzka - stroll
Spacerować - walk
Drzewo - tree
Staw - pond
Ławka - bench
Fontanna - fountain
Ścieżka/aleja - alley
Kwiaty - flowers
Liście - leaves
Krzewy - bushes
Krzewy różnane - rose bushes
Oranżeria - hothouse/orangery
Trawnik - lawn/grass
Miejsce piknikowe - picnic area
Kosz na śmieci - waste bin
Plac zabaw - playground
Huśtawka - swing
Karuzela - roundabout/carousel
Zjeżdżalnia - playground slide
Ptaki - birds
Kaczka - duck
Łabędź - swan
Wiewiórka - squirrel
Róża - rose
Dąb - oak tree
Klon - maple tree
Świerk - spruce

Sosna – pine tree
Kasztanowiec – chestnut tree
Żołędzie – acorns
Kasztany – chestnuts

In the Church:
Bazylika – basilica
Kościół katolicki – Catholic church
Parafia – parish
Ławka kościelna – pew
Ołtarza – altar
Ambona – pulpit
Msza święta – church service/mass
Organy – organ
Ksiądz – priest
Zakonnica – nun
Zakonnik – monk
Organista – organist
Rzeźba – sculpture
Ofiara – collection (collecting money)
Prezbiterium – chancel/presbytery
Dzwonnica – bell tower
Kaplica – chapel
Dzwon – bell
Wieża kościelna – church tower
Cmentarz – cemetery/churchyard

Sightseeing and Entertainment – Vocabulary Revision
tourist center

tourist information center

guide

guidebook

map

city plan

travel agency

holiday representative

trip

day trip

coach trip

tour

guided tour

to do sightseeing

organized trip

city tour

entrance fee

assembling point

free time

Places to Visit in A Town:

Old town

old tenement buildings

monument

town hall

Old Town Hall

heritage building

ancient monument

parliament building

museum
science museum
history museum
national museum
open-air museum
art gallery
exhibition
park
bridge
promenade
pedestrian zone/pedestrian street
church
basilica

At the Cinema:
cinema
film/movie
action film
thriller
romantic comedy
comedy
horror film
historical film
science-fiction film
musical
screening room
seat
row

screen
snack bar
popcorn
cold beverages
cinema ticket

At the Theater/Opera:
theater
musical theater
play
performance
perform
actor
lead/major role
ballet
classical ballet
curtain
prop/stage prop
stage
opera
opera house
operetta
musical
choir
dancer
opera singer (masculine)
opera singer (feminine)

Nightlife:
nightclub
music club
bar/pub
disco
barman/bartender
barmaid/bartender
dance floor
dance
music
karaoke
sing
party
spend time with friends
music group
DJ/club DJ
cocktail
VIP lounge
security guards

At the Swimming Pool:
water park
swim
indoor swimming pool
outdoor swimming pool
bath towel
swim ring
swimming board

armbands

lifeguard

swimsuit

changing room

women's changing room

men's changing room

sauna

spa

health spa

massage

face massage

treatment

hot tub/Jacuzzi

At the Gym:

gym membership

workout

circuit training

strength training

exercises

intervals

treadmill

elliptical trainer/cross-trainer

exercise bicycle

weight machine

cardio workout

weightlifting

aerobics

workout mat

sit-ups

squats

press-ups/push-ups

hula hoop

skipping rope

keep fit exercises

gym clothes

gym leggings

In the Park:

walk

stroll

walk

tree

pond

bench

fountain

alley

flowers

leaves

bushes

rose bushes

hothouse/orangery

lawn/grass

picnic area

waste bin

playground

swing

roundabout/carousel

playground slide

birds

duck

swan

squirrel

rose

oak tree

maple tree

spruce

pine

chestnut tree

acorns

chestnuts

In the Church:

basilica

Catholic church

parish

pew

altar

pulpit

church service/mass

organ

priest

nun

monk

organist

sculpture

collection (collecting money)

chancel/presbytery

bell tower

chapel

bell

church tower

cemetery/churchyard

Part 2: Mastering Polish Words:

Increase Your Vocabulary with Over 1,000 Polish Words in Context

Introduction

Would you like to learn Polish but you don't know where to start? Does the Polish language and the complexity of its grammar and pronunciation make you feel overwhelmed? If you answered "yes" to these questions, you are not alone. Many people today would like to acquire a new language, at least at a decent level. Yet, they lack motivation since the process of learning seems to be demanding and time-consuming. Many of them get lost before they have even started.

If you have experienced such problems with learning Polish, here is some great news! You are about to get started and learn the essential Polish words that will give you the foundations of the language. This book will *not* introduce you to grammatical concepts or complex sentences. Instead, it will make you taste the Polish language and just move towards your goal.

You will acquire the essential vocabulary word by word. Each word will be translated into English and placed in the context of a sentence. The sentence will be translated into English too. And that is it! No grammar, no boring and long exercises - just words!

The first chapter will present the core of the Polish language - the alphabet, numbers, and basic expressions like *hi* or *bye*.

In the next chapter, you will learn some differences between Polish and English. Here you will notice some grammar bits, yet they only serve to make you aware of some essential processes. As soon as you get to know them, you will process the new words faster and more efficiently.

The next chapter will present the most commonly used Polish words. They will be accompanied by an English translation and a sentence (also with an English translation).

The subsequent chapters will present Polish words taken from a particular context. They will be used in a sentence that may be useful in a specific situation (e. g. at a restaurant, hotel, airport, school, workplace). Each chapter with specific words will contain a short vocabulary quiz at the end. All in all, the scheme of word presentation will look like this:

1.SAMOCHÓD - A CAR

Chcę kupić szybki samochód.

I want to buy a fast car.

2.KSIĄŻKA - A BOOK

Ta książka jest świetna.

This book is very cool.

Before you start...

Polish is certainly not one of the most spoken languages in the world - since it is the official language of Poland exclusively. It has around 38 million speakers in Poland, but many immigrants in countries such as the United States of America, the United Kingdom, Germany, Norway, or Ireland are Polish. The Polish Community Abroad includes, for example, more than one million Poles in the UK and nearly one million in the States. What is also interesting is that many Americans are of Polish origin, due to the mass emigration caused by the difficult political situation in Poland in the eighteenth and nineteenth centuries.

Many native speakers of English consider Polish (along with Chinese, Arabic, and Japanese) as one of the hardest languages to learn, due to its heavy inflectional system and, probably, pronunciation. It may be partially true; however, the beginning is always the toughest part of any language journey. The more you practice, the more automatic your language use will become, and the more familiar Polish sounds will become. Besides, speaking one of the hardest languages in the world is quite an achievement.

Polish is a Slavic language, yet its written form is not based on the Cyrillic alphabet but the Latin script. Therefore, the Polish sounds can be tough to learn, especially some unusual consonant clusters like *szcz* or *dźdź*. However, the more you practice the pronunciation, the more automatic it becomes. The beginning is always the hardest part of any language journey since your first language data interfere with the new data that come into your mind. This book will teach you the vocabulary and grammar basics, along with some cultural background.

Hopefully, you shall go through this book at least two times! The first time is for learning and trying the language, and the second time is for memorization. You can learn the words wherever you want – at school, home, during your lunch break, during a flight or bus journey. You choose!

Good luck, and have fun!

Chapter 1 – The Foundations

Before you start learning the Polish words, you need to acquire the basics of the Polish language – the alphabet, the numbers, and some expressions.

The Polish Alphabet

The Polish alphabet is derived from the Latin alphabet, but the pronunciation has remained purely Slavic. Thus, Polish contains some unusual letters that you won't find in Western European alphabets. Moreover, Polish has some letter clusters that are called digraphs and trigraphs (you will see them in a moment). Interestingly, the letters x, v, and q are absent in Polish, even though they are common in Latin.

Firstly, take a closer look at single letters and their pronunciation. You will notice an English word that contains a similar sound. Be careful! Some sounds (especially vowels) are not identical. This book has picked for you the nearest equivalents.

POLISH ALPHABET:
Polish letter / English sound / pronunciation example
A a / u / as in fun
Ą ą / on, om / as in long
B b / b / as in bat
C c / ts / as in bits
Ć ć / ch / as in cheek
D d / d / as in dog

E e / e / as in red
Ę ę / en, em / as in dense
F f / f / as in frog
G g / g / as in gap
H h / ch / as in hamster (heavily aspirated)
I i / ee / as in cheek
J j / y / as in yeti
K k / c / as in call
L l / l / as in look
Ł ł / w / as in wall
M m / m / as in mom
N n / n / as in nose
Ń ń / ng (soft) / as in onion
O o / o / as in hot
Ó ó / u / as in push
P p / p / as in push
R r / r / as in Rome (rolled)
S s / s / as in seek
Ś ś / sh (soft) / as in sheep
T t / t / as in top
U u / u / as in push
W w / v / as in vital
Y y / y / as in rhythm
Z z / z / as in zebra
Ź ź / zh / as in Niger (very soft)
Ż ż / zh / as in pleasure (hard)

All in all, there are thirty-two single letters in the Polish alphabet. Before you move on to diphthongs that may cause some confusion, you need to practice the single sounds. Here is a quick pronunciation exercise.

Exercise: Try to pronounce the Polish letters

A a / u
Ą ą / on, om

B b / b
C c / ts
Ć ć / ch
D d / d
E e / e
Ę ę / en, em
F f / f
G g / g
H h / ch
I i / ee
J j / y
K k / c
L l / l
Ł ł / w
M m / m
N n / n
Ń ń / ng
O o / o
Ó ó / u
P p / p
R r / r
S s / s
Ś ś / sh
T t / t
U u / u
W w / v
Y y / y
Z z / z
Ź ź / zh
Ż ż / zh

Congrats! You have managed to pronounce the Polish alphabet. You have probably faced some problems with the letters that are absent in English. That is fine. You need to train your articulatory muscles to move differently. The more you practice, the easier the pronunciation will become.

Now, take a closer look at some weird clusters, the so-called Polish diphthongs and triphthongs – these may be the hardest one to grasp. You are about to exercise your jaw and tongue.

POLISH DIPHTHONGS

Polish diphthong / English sound / pronunciation example
Ch / ch / as in hamster
Ci / ch / as in cheek
Cz / ch / as in chalk
Dz / dz / as in goods (but with voiced s)
Dzi / dz / as in duke (very soft)
Dź / dz / as in duke (very soft)
Ni / ni / as in onion
Rz / s / as in treasure
Si / sh / as in sheep (soft)
Sz / sh / as in shark (hard)
Szcz / shch / – this is a consonant cluster that is absent in English; however, you try to join the sounds / sh / as in shark and / ch / as in chalk – / shch /
Zi / zh / as in Niger (very soft)

You might have found that tough. The *szcz* was probably the hardest one because there is no such letter combination in the English language. The best way to start learning Polish is to get acquainted with the Polish sounds. There will be a lot of hissing sounds coming from your mouth as you practice the Polish diphthongs – Polish is considered a language of snakes! Now, time to practice.

Exercise: Try to pronounce Polish diphthongs
Ch / ch
Ci / ch
Cz / ch
Dz / dz
Dzi / dz

Dź / dz
Ni / ni
Rz / s
Si / sh
Sz / sh
Szcz / shch
Zi / zh

Good job! You will quickly become a master of Polish sounds. Just a little more practice and you will get there.

Now it is time to discuss some interesting aspects of the Polish alphabet. As you have probably noticed, there is a significant difference between English and Polish, as far as alphabets are concerned. English sounds can be represented by multiple letter combinations, whereas Polish is simpler here. For example, the English sound [i] can be represented in the script in many ways (e, ee, i, y, and so on). In Polish, however, the sound [i] is represented only by the letter i. So, if you keep practicing, you will eventually get used to Polish sounds. Polish sounds may seem tough at the beginning, yet the journey becomes easier and easier with time.

There is one more thing that you should be aware of - the Polish orthography. There are some sounds in Polish that have different written representations. Although there are not many of them, you need to know at least that they exist to avoid confusion in the future.

POLISH ORTOGRAPHY

[The sound] - Written representation 1 / Written representation 2

[u] - u / ó
[h] (heavily aspirated) - h / ch
[zh] (hard) - ż / rz
[zh] (soft) - ź / zi
[sh] (soft) - ś / si
[ch] (soft) - ć / ci
[ng] (soft) - ń / ni

[om] - ą / om

This book has shown you the Polish orthography to give you a hint. You do not have to practice it that hard. The best way to learn it is to get familiar with it by reading texts and seeing the words. If you make a mistake, don't worry. Even Polish people struggle with the orthography since you have to learn it by heart. Remember why you want to learn Polish - you want to communicate, not produce perfect pieces of text!

Numbers

Although the rules of creating Polish numbers are quite simple, the pronunciation of Polish numbers can be tough since you have to deal with the hardest sounds. That is why you will need to put some effort in here and practice. For now, take a look at the smallest numbers - the ones from 0 to 10.

0 - zero
1 - jeden
2 - dwa
3 - trzy
4 - cztery
5 - pięć
6 - sześć
7 - siedem
8 - osiem
9 - dziewięć
10 - dziesięć

Have you seen those new letters? English speakers face many problems with the pronunciation of Polish numbers. Thus, you need to stay here for a little longer and practice.

Exercise: Repeat the Polish numbers

zero - zero
one - jeden
two - dwa
three - trzy

four - cztery
five - pięć
six - sześć
seven - siedem
eight - osiem
nine - dziewięć
ten - dziesięć

Very good! Try to repeat all the numbers one by one.

zero
zero, jeden
zero, jeden, dwa
zero, jeden, dwa, trzy
zero, jeden, dwa, trzy, cztery
zero, jeden, dwa, trzy, cztery, pięć
zero, jeden, dwa, trzy, cztery, pięć, sześć
zero, jeden, dwa, trzy, cztery, pięć, sześć, siedem
zero, jeden, dwa, trzy, cztery, pięć, sześć, siedem, osiem
zero, jeden, dwa, trzy, cztery, pięć, sześć, siedem, osiem, dziewięć
zero, jeden, dwa, trzy, cztery, pięć, sześć, siedem, osiem, dziewięć, dziesięć

Good job! You have just counted to ten! Now it is time to expand your horizons. Take a look at the numbers from 11 to 19:

11 - jedenaście
12 - dwanaście
13 - trzynaście
14 - **czter**naście
15 - **pięt**naście
16 - **szes**naście
17 - siedemnaście
18 - osiemnaście
19 - **dziewięt**naście

Here is some more good news! You don't have to learn those numbers by heart. All you need to do is to discover some patterns and try to follow them. Look at the numbers from 11 to 19 again. Have you noticed some regularities?

The Polish -*naście* is an equivalent of the English -*teen*. If you want to make, for example, *seventeen*, you take *seven* and add -*teen*. The Polish rule is the same; you take the number from 0 to 9 and add -*naście*. But be careful! There are some numbers like *czternaście, piętnaście, szesnaście,* or *dziewiętnaście* that require slight changes.

That was pretty easy, wasn't it? It is time to polish your pronunciation.

Exercise: Repeat Polish numbers from 11 to 19

11 - jedenaście
12 - dwanaście
13 - trzynaście
14 - **czter**naście
15 - **pięt**naście
16 - **szes**naście
17 - siedemnaście
18 - osiemnaście
19 - **dziewięt**naście

Very good! You are making huge progress! But you won't stop here. More numbers are waiting.

20 - **dwa**dzieścia
30 - **trzy**dzieści
40 - **czter**dzieści
50 - **pięć**dziesiąt
60 - **sześć**dziesiąt
70 - **siedem**dziesiąt
80 - **osiem**dziesiąt
90 - **dziewięć**dziesiąt
100 - sto

You have just learned some bigger Polish numbers. Now it is time to practice. You need to say *dziewięćdziesiąt* accurately!

Exercise: Repeat the Polish numbers

20 - **dwa**dzieścia
30 - **trzy**dzieści
40 - **czter**dzieści
50 - **pięć**dziesiąt
60 - **sześć**dziesiąt
70 - **siedem**dziesiąt
80 - **osiem**dziesiąt
90 - **dziewięć**dziesiąt
100 - sto

Your favorite Polish number is probably *sto*! You already know the *rounded* numbers. Now you need to learn the other ones. The pattern is straightforward: you just read what you see from left to right. Here are some examples.

21 - dwadzieścia jeden
55 - pięćdziesiąt pięć
48 - czterdzieści osiem
37 - trzydzieści siedem
92 - dziewięćdziesiąt dwa
75 - siedemdziesiąt pięć

In Polish, you don't write a dash in two-digit numbers. You just write what you see. How about some practice?

Exercise: Create the numbers in Polish
24 -
27 -
36 -
41 -
49 -
54 -
69 -

73 -

82 -

99 -

100 -

Good job! *Sto* was like an unexpected gift after those hard tongue twisters. Anyway, you need to realize that you have just learned Polish numbers! Now it is time to move on to the next topic.

Telling the Time

The most important thing to remember is that Polish people tell the time differently. Unlike English speaking countries, Poland follows the 24-hour format; thus, you will less often hear a Polish person say something similar to AM or PM. In fact, Polish people may tell the time following the 24-hour format or the 12-hour format.

The second difference is that polish hours are declined by gender and case, so you cannot simply say *jest pięć*. Instead, you have to say *jest piąta*. The good news is that all hours are feminine, so the endings look quite similar.

The 24-hour format is as follows:

1:00 AM - 1:00 - pierwsza

2:00 AM - 2:00 - druga

3:00 AM - 3:00 - trzecia

4:00 AM - 4:00 - czwarta

5:00 AM - 5:00 - piąta

6:00 AM - 6:00 - szósta

7:00 AM - 7:00 - siódma

8:00 AM - 8:00 - ósma

9:00 AM - 9:00 - dziewiąta

10:00 AM - 10:00 - dziesiąta

11:00 AM - 11:00 - jedenasta

12:00 AM - 12:00 - dwunasta

1:00 PM - 13:00 - trzynasta

2:00 PM - 14:00 - czternasta
3:00 PM - 15:00 - piętnasta
4:00 PM - 16:00 - szesnasta
5:00 PM - 17:00 - siedemnasta
6:00 PM - 18:00 - osiemnasta
7:00 PM - 19:00 - dziewiętnasta
8:00 PM - 20:00 - dwudziesta
9:00 PM - 21:00 - dwudziesta pierwsza
10:00 PM - 22:00 - dwudziesta druga
11:00 PM - 23:00 - dwudziesta trzecia
12:00 PM 24:00 - dwudziesta czwarta / północ [midnight]
Która jest godzina? - What time is it?
Jest ... - It's ...
5:00 AM - 5:00 rano [5 in the morning] / 5:00 or piąta
5:00 PM - 5:00 po południu [5 in the afternoon] / 17:00 or siedemnasta
9:00 AM - 9:00 rano [9 in the morning] / 9:00 or dziewiąta
9:00 PM - 9:00 wieczorem [9 in the evening] / 21:00 or dwudziesta pierwsza
4:30 AM - wpół do piątej [half past four] / czwarta trzydzieści [four-thirty]
6:15 PM - piętnaście po szóstej / osiemnasta piętnaście [six-fifteen]
11:50 PM - za dziesięć dwunasta [ten to twelve] / dwudziesta trzecia pięćdziesiąt [eleven-fifty]

As you can see, Polish people follow the 24-hour format as well as the 12-hour format, depending on the context. In the 12-hour format, they usually add expressions such as *rano* [in the morning], *po południu* [in the afternoon], or *wieczorem* [in the evening] to indicate the time of day. It is important to know that the 24-hour format is used more in formal situations and usually appears on train/bus schedules, programs, etc. The 12-hour format is used more in informal interactions.

Greetings and Basic Everyday Expressions

Polish basic everyday expressions are similar to the English ones with only one exception: Polish people do not use an equivalent of the English *good afternoon*. Analyze some of the general greetings:

Dzień dobry! – Good morning / Good afternoon!
Dobry wieczór! – Good evening! (rather formal)
Do widzenia! – Goodbye!
Dzień dobry Pani – Good morning Mrs./Ms.*
Dzień dobry Panu/Panie – Good morning Mr.*
Cześć! – Hello / Hi!*
Cześć! – Bye! (informal)*

*When you don't know someone, or you address a much older person, always use *dzień dobry* instead of *cześć*. When you are at work, it is advisable to say *dzień dobry / do widzenia (Pani / Panie)* instead of *cześć* (*cześć* is rather an informal form of address), unless you get to know your colleagues better. Also, students at school/university never say *cześć* to their teachers, and teachers do not use *cześć* when addressing their students. If you want to address a teacher, always use *dzień dobry* and be polite, no matter how long you have known the teacher.

Dobranoc! – Good night!
Tak – Yes
Nie – No
Może ... – I guess ... / Maybe
Smacznego! – Enjoy your meal! / Bon appétit!
Na zdrowie! – Bless you!
Na zdrowie! – Cheers! (when making a toast)
Przepraszam – I am sorry / Excuse me
Dziękuję – Thank you
Nie ma za co – You're welcome
Proszę – Please
Proszę – Here / Here you are / Here you go / There you go

Szczęść Boże! - God bless you! (Polish people rarely use *dzień dobry / dobry wieczór* when addressing priests, nuns, monks, etc. Instead, they use *Szczęść Boże* [God bless you] or *Niech Będzie Pochwalony Jezus Chrystus* [Praised be Jesus Christ]).

Co tam? / Co u ciebie? - How are you? / How do you do?*

*It is important to note that expressions such as *how are you / how do you do* are perceived differently in Poland since Polish people use them rarely. Generally, asking such questions is not a standard pattern. If you ask a Polish person, *how do you do?* don't expect something like *I'm fine / I'm okay / I'm doing great*. Instead, a Polish person will tell you a couple of things about their job/school/family life, etc. So, Polish *co tam / co u ciebie?* is slightly different from the English *how are you?*.

Some colloquial expressions are used mostly by younger generations. It is good to know a couple of informal greetings as well:

Siema! - Hey!

Elo! - Yo! (a very informal form of addressing your close friends)

Jak leci? - What's up?

Trzymaj się! - Take care!

Na razie! - Bye! (informal)

Dzięki! - Thanks!

Spoko! / Ok! / Okej! - Okay! / No problem! (Polish people say *okay* very often)

Sory / Sorki - Sorry (again, Polish younger generations often say *sorry* instead of *przepraszam*)

It is time to practice the expressions you have just learned.

Exercise: Try to say in Polish

Good morning / Good afternoon!

Good evening! (formal)

Goodbye!

Good morning Mrs. / Ms.

Good morning Mr.

Hello / Hi!
Bye! (informal)
Hey!
Yo!
What's up?
Take care!
Thanks!
Okay! / No problem!
Sorry
Good night!
Yes
No
I guess ... / Maybe
Enjoy your meal! / Bon appétit!
Bless you!
Cheers!
I am sorry / Excuse me
Thank you
You're welcome
Please
Here / Here you are / Here you go / There you go
God bless you!

Very good! You have already learned so much! It is high time you are shown some theoretical background. Don't get bored or discouraged! You will be amazed by the differences between Polish and English!

Chapter 2 – Minimal Amount of Theory

Knowing some basic differences between your mother tongue and the target language is vital. Thus, before diving straight into vocabulary learning, take a closer look at some features that can be quickly noticed from the beginning of your journey.

Formal/Informal

As you probably know, English speakers do not have many opportunities as far as using formal forms of address is concerned. In Polish, however, formality is of great importance. The biggest difference between these languages can be observed in situations that require using the second-person singular or plural (*you*). When addressing somebody that is not a friend or relative, Polish speakers use *Pan/Pani* instead of *you (Pan* is for men, and *Pani* is for women).

For example, "Could *you* tell me what time it is?" would be "Czy mógłby *Pan* mi powiedzieć która jest godzina?" or "Czy mogłaby *Pani* powiedzieć mi która jest godzina?" What is more, the second-person plural involves using a different formal form so that the above sentence would look like this: "Czy mogliby *Państwo* powiedzieć mi która jest godzina?" Interestingly, if you have known someone for a while in Poland, you can suggest "*przejście na ty,*" which literally means "*switching to you [form].*"

Pronouns

English appears to contain only a few personal pronouns when compared to Polish. Why? The answer is pretty simple - Polish personal pronouns are inflected by case, gender, and number. Think for a moment about the English personal pronouns. What are they? You probably know that there are only three ways of using an English pronoun. For example, *me, my,* and *mine* or *you, your,* and *yours.*

Polish pronouns are quite different since each pronoun has not three, but seven different forms. Why? The answer is quite obvious - each pronoun looks different in each case (as mentioned earlier, there are seven cases in the Polish language). Pronouns look different not only in different cases but also in different genders and numbers. For now, this book will stop the theoretical explanations and show you how Polish pronouns work in practice.

Ja - I
Ty - you
On - he
Ona - she
Ono - it
My - we
Wy - you
Oni / one - they

Masculine/Feminine

As mentioned, the Polish language differs from English significantly in the field of gender since Polish masculine, feminine, or neuter do not correspond with the actual sex. To be more precise, the Polish language has grammatical gender, whereas English has biological gender. What is even more interesting is that Polish speakers use masculine or feminine often when talking about inanimate objects such as pieces of furniture or fruit.

For example, the Polish word *banan* [banana] is masculine, the word *truskawka* [strawberry] is feminine, and the word *mango* [mango] is neutral. Indeed, as presented above, a category has nothing to do with the actual gender, which is one of the most difficult concepts to grasp by non-native Polish language learners.

Singular/Plural

As far as the grammatical number is concerned, Polish singular or plural are usually formed with different endings that correspond with gender. In the Polish plural form, there are only two genders: masculine and non-masculine. By comparison, English plural involves the ending -s with only a few exceptions, whereas Polish plural involves endings such as -y, -i, -e, or -a. To make matters a tad more complicated, the usage of these endings is not determined by any rules.

For example, the word *dom* [house] is masculine, yet it is an object. Then its plural form, *domy* [houses], involves the ending -y. The word *mężczyzna* [man] is masculine and refers to a person. Its plural form, *mężczyźni* [men], ends with -i. As you can see, there are more popular patterns, yet no clear principles can be distinguished as far as endings are concerned.

Cases and corresponding inflections

There are seven cases in total. Polish nouns change their endings, depending on how the case is declined. And that is all you should know for now. This book won't teach you the declensions because it's unnecessary. Mastering the rules won't make your learning efficient. Even if you apply a wrong ending, your message will be understood anyway. Take a look at some examples to see how nouns work in different Polish cases.

BOOK - KSIĄŻKA

Nominative - książka
Genitive - książki
Dative - książce
Accusative - książkę
Ablative - (z) książką
Locative - (o) książce
Vocative - książko!

COMPUTER - KOMPUTER

Nominative - komput__er__
Genitive - komput__era__
Dative - komput__erowi__
Accusative - komput__er__
Ablative - (z) komput__erem__
Locative - (o) komput__erze__
Vocative - komput__erze__!

As you have probably noticed, the endings are quite different. There is no point in making you remember the rules. Your learning has to be quick, efficient, and fun! The best way is to learn the cases gradually, in context, and by using associations. If you try to learn all variations of the same word by heart, you will find yourself overwhelmed sooner or later. So, don't worry.

Even some proper names have to be declined by case. Look at the examples below:

Francja [France] - feminine noun

Nominative - Francja
Genitive - Francji
Dative - Francji
Accusative - Francję
Ablative - (z) Francją
Locative - (o) Francji
Vocative - Francjo!

Włochy [Italy] - plural noun

Nominative - Włochy
Genitive - Włoch
Dative - Włochom
Accusative - Włochy
Ablative - (z) Włochami
Locative - (o) Włoszech
Vocative - Włochy!

Have you already panicked? If so, don't! This theoretical part is included here only to give you the idea of how the language works and in what ways it is different from your mother tongue. Don't expect any advanced grammar in some later exercises. Just have fun!

Articles

You know what articles are, don't you? The three basic articles in English are *a, an,* and *the.* In contrast, the Polish language does not have any articles. You probably don't think much about using articles in English – as you produce them naturally. It is something you have been hearing and seeing since early childhood. From the native Polish speaker's perspective, the idea of English articles is hard to grasp. Despite knowing the rules and exceptions, even advanced and proficient Polish speakers of English cannot fully understand English articles.

Fortunately, you do not have to learn any articles since Polish doesn't contain any. So, take a break and relax for a little while.

Polish Verbs

Verbs in the Polish language are a quite complex phenomenon since different groups require different declensions. This means no one universal pattern could apply to all verbs. Polish verbs correspond with **gender, number, and person**. To show how they work, analyze the present forms of *iść* [to go], *mieć* [to have], *być* [to be].

iść [to go]
Ja [I] – idę
Ty [you] – idziesz
On [he] – idzie
Ona [she] – idzie
Ono [it] – idzie
My [we] – idziemy
Wy [you] – idziecie
Oni [they masc.] – idą

One [they fem.] - idą
mieć [to have]
Ja [I] - mam
Ty [you] - masz
On [he] - ma
Ona [she] - ma
Ono [it] - ma
My [we] - mamy
Wy [you] - macie
Oni [they masc.] - mają
One [they fem.] - mają
być [to be]
Ja [I] - jestem
Ty [you] - jesteś
On [he] - jest
Ona [she] - jest
Ono [it] - jest
My [we] - jesteśmy
Wy [you] - jesteście
Oni [they masc.] - są
One [they fem.] - są

Polish contains only two aspects: **perfective** (that indicates completed action), and **imperfective** (that indicates uncompleted action). It is important to note that both aspects do not refer only to the past. You can apply the perfective or imperfective to the future as well.

Look at the verb *robić* [do] in the past form:
robić [to do] - imperfective
Ja [I] - robiłem (m.) / robiłam (f.)
Ty [you] - robiłeś (m.) / robiłaś (f.)
On [he] - robił
Ona [she] - robiła
Ono [it] - robiło

My [we] – robiliśmy (m.) / robiłyśmy (f.)
Wy [you] – robiliście (m.) / robiłyście (f.)
Oni [they masc.] – robili
One [they fem.] – robiły
robić [to do] – perfective
Ja [I] – zrobiłem (m.) / zrobiłam (f.)
Ty [you] – zrobiłeś (m.) / zrobiłaś (f.)
On [he] – zrobił
Ona [she] – zrobiła
Ono [it] – zrobiło
My [we] – zrobiliśmy (m.) / zrobiłyśmy (f.)
Wy [you] – zrobiliście (m.) / zrobiłyście (f.)
Oni [they masc.] – zrobili
One [they fem.] – zrobiły

Adjectives

It is not just the nouns that are messy in Polish; the adjectives are also confusing. In fact, they need to stay in compliance with gender, number, and case, so they, too, require different endings. To make things less complicated, they do not act like separate random words – they depend directly on the noun they describe. So, if the noun is singular feminine in the dative case, the adjective will also be singular feminine in the dative case.

Below, you will see how the adjectives work in different cases, genders, and numbers. Be aware that you do not have to memorize the declensions. They are here only to show you how Polish works. You need to learn adjectives in context, provided that you are more or less familiar with the patterns. Look at the adjective *mały,* which means *small*:

mały samochód – a small car (masculine noun, singular)
[Nominative] mały samochód
[Genitive] małego samochodu
[Dative] – małemu samochodowi
[Accusative] – mały samochód

[Ablative] - (z) małym samochodem
[Locative] - (o) małym samochodzie
[Vocative] - mały samochodzie!

mała dziewczynka - a small girl (feminine noun, singular)
[Nominative] mała dziewczynka
[Genitive] małej dziewczynki
[Dative] - małej dziewczynce
[Accusative] - małą dziewczynkę
[Ablative] - (z) małą dziewczynką
[Locative] - (o) małej dziewczynce
[Vocative] - mała dziewczynko!

małe dziecko - a small child (neutral noun, singular)
[Nominative] małe dziecko
[Genitive] małego dziecka
[Dative] - małemu dziecku
[Accusative] - małe dziecko
[Ablative] - (z) małym dzieckiem
[Locative] - (o) małym dziecku
[Vocative] - małe dziecko!

małe samochody - small cars (masculine noun, plural)
[Nominative] małe samochody
[Genitive] małych samochodów
[Dative] - małym samochodom
[Accusative] - małe samochody
[Ablative] - (z) małymi samochodami
[Locative] - (o) małych samochodach
[Vocative] - małe samochody!

małe dzieci - small children (non-masculine noun, plural)
[Nominative] małe dzieci
[Genitive] małych dzieci
[Dative] - małym dzieciom
[Accusative] - małe dzieci

[Ablative] - (z) małymi dziećmi
[Locative] - (o) małych dzieciach
[Vocative] - małe dzieci!

Those declensions were quite complicated. However, you know how they work, and it is a huge step towards mastering the Polish language.

And that's it! No more grammar for the rest of the book! Now you know the basic grammatical differences between English and Polish. This will prevent you from wondering why some words have different endings or some verbs look slightly different in a sentence when compared to the original word.

Chapter 3 – General and Frequent Words

You have already familiarized yourself with the Polish alphabet, numbers, everyday expressions, and grammar. Now it is time to learn the most frequently used Polish words. They won't be presented in categories (like nouns, pronouns, etc.). Rather, they are placed in random order. You will be provided with an English translation of a word, and the word will be presented in a sentence.

#1 JAK – AS

Jestem wysoka, tak **jak** moja siostra.

I am tall, just **as** my sister.

#2 JEGO – HIS

Jego żona miała wczoraj wypadek samochodowy.

His wife had a car accident yesterday.

#3 ŻE – THAT

Wygląda na to, **że** on zgubił klucze.

It seems **that** he lost the keys.

(Note: In Polish, you always have to put a comma before *że* [that].)

#4 BYŁO – WAS

Przyjęcie **było** wczoraj! Dlaczego nie przyszedłeś?

The party **was** yesterday! Why didn't you come?

(Note: In Poland, the subject can be omitted in some situations.)

#5 DLA – FOR

Te kwiaty są **dla** ciebie.

These flowers are **for** you.

#6 NA – ON

Czy możesz położyć kawę **na** moim biurku? Jestem teraz zajęta.

Could you put the coffee **on** my desk? I'm busy right now.

#7 SĄ – ARE

Te nowe buty **są** świetne!

These new shoes **are** cool!

#8 BYĆ – TO BE

Powiedzieli, żę mogę **być** kim chcę, więc zostałem aktorem.

They said I could **be** anyone I want to be, so I became an actor.

#9 W – IN \ INSIDE

Ser jest **w** lodówce!

The cheese is **in** the fridge!

Zastanawiam się co jest **w** tamtym kartonie.

I'm wondering what is **inside** that box.

#10 JEDEN – ONE

-Ile kawałków pizzy zjadłeś?

-Tylko **jeden**!

-How many slices of pizza did you eat?

-Just **one**!

#11 MIEĆ – TO HAVE

Chcę **mieć** psa!

I want **to have** a dog!

(**Note:** Polish verbs look different since they correspond with tense, gender, number. etc.) Look at more examples with mieć [to have]:

#11a MAM – I HAVE

Mam gorączkę.

I have a temperature.

#11b MAMY – WE HAVE
Mamy dwójkę dzieci.
We have two kids.

#11c MIELIŚMY – WE HAD
Mieliśmy kiedyś pianino w domu, ale je sprzedaliśmy.
We had a piano at home back then, but we sold it.

(Note: There is no need to write the subject in some of the Polish sentences. The ending in the verb carries the information about the subject and the grammatical tense – past, present, or future.)

#12 TEN \ TA \ TO – THIS
(Note: The Polish *this* looks different, depending on the gender of the person or object.)

Ten karton jest bardzo ciężki!
This box is so heavy!
To dziecko ciągle płacze. Mam już dosyć!
This kid is always crying. I've had enough!

#13 Z – FROM
Jestem **z** Polski.
I am **from** Poland.
Jestem **z** USA.
I'm **from** the USA.

#14 PRZEZ – BY
Posiłek został przygotowany **przez** naszego szefa kuchni.
The meal has been prepared **by** our chef.
(Note: *Przez* is often used with verbs in a passive voice.)

#15 GORĄCY – HOT
Uważaj! Ten garnek jest bardzo **gorący**!
Watch out! This pot is very **hot**!
(Note: Polish people use *gorąca* when they are talking about a feminine person\object [she], and *gorące* when they're talking about a neutral person\object [it].)

#16 SŁOWO – A WORD
To **słowo** wygląda dziwnie! Nie rozumiem go.
This **word** looks weird. I don't understand it.
(**Note:** Nouns are inflected by case.)
Analyze one more sentence with *słowo* [word]:
#16a SŁOWA – A WORD [genitive]
Nie rozumiem tego **słowa**.
I don't understand this **word**.
#17 ALE – BUT
Chętnie obejrzałbym film, **ale** muszę iść do pracy.
I would like to see a movie, **but** I have to go to work.
#18 CO – WHAT
Co robisz?
What are you doing?
Co?
What?
#19 KILKA \ TROCHĘ – SOME
Kupiłem **kilka** pomidorów żeby zrobić sos pomidorowy.
I bought **some** tomatoes to make salsa.
Czy mógłbyś dodać **trochę** cukru do mojej herbaty?
Could you add **some** sugar to my tea?
#20 JEST – IS
To **jest** dobry pomysł.
It **is** a good idea.
Jest ciepło. Nie musisz zakładać kurtki.
It's warm. You don't have to put on a jacket.
#21 TO – IT
To jest głupi pomysł.
It is a stupid idea.
#22 LUB – OR
Chodźmy na spacer do parku **lub** chodźmy na plażę.
Let's go for a walk in the park **or** let's go to the beach.

#23 KILKA - SEVERAL
Mam **kilka** fajnych książek na sprzedaż. Chcesz je zobaczyć?
I have **several** books for sale. Would you like to see them?

#24 DO - TO
W przyszłym tygodniu jadę **do** Polski.
I'm going **to** Poland next week.

#25 I - AND
Paweł **i** Robert są moimi przyjaciółmi ze szkoły.
Paweł **and** Robert are my friends from school.
Pozmywaj naczynia **i** wynieś śmieci.
Wash the dishes **and** take out the rubbish.

#26 NA ZEWNĄTRZ - OUTSIDE
Ubierz się ciepło! **Na zewnątrz** jest bardzo zimno.
Put on warm clothes! It's very cold **outside**.

#27 INNY \ KOLEJNY - ANOTHER \ THE OTHER
Te spodnie są już znoszone; potrzebuję **kolejnej** pary.
These trousers are worn out; I need **another** pair.
Bardzo lubię Anię. **Inni** ludzie z mojej pracy są jacyś dziwni.
I really like Ania. **The other** people from my work are weird.

(Note: *Inny \ Kolejny* [Another \ the other] has to be declined by case, gender, and number. That is why it looks different than the original word.)

#28 KTÓRY \ KTÓRA \ KTÓRE - WHICH \ THAT
Mój brat, **który** jest studentem, mieszka w Warszawie.
My brother, **who** is a student, lives in Warsaw.

Mam psa, **który** jest bardzo nieśmiały i nie lubi bawić się z ludźmi.
I have a dog, **which** is very shy and doesn't like playing with people.

Moja gitara **która** należała kiedyś do mojego taty jest naprawdę świetna.
My guitar **that** used to be my dad's is really cool.

(Note: In Polish, *który* means *which, who,* and *that* as well. Unfortunately, it has to be declined by gender, case, and number. Also, you have to put a comma before it.)

#29 ZROBIĆ - TO DO \ TO MAKE

Czy możesz **zrobić** mi przysługę?
Can you **do** me a favor?
Muszę **zrobić** ciasto na jutrzejsze przyjęcie urodzinowe.
I have to **make** a cake for tomorrow's birthday party.

(Note: *Zrobić* means both *do* and *make*. Polish language does not have a separate word for *make* and *do*.)

#30 ICH - THEIR \ THEIRS

Ich córka ma gorączkę, i została dziś w domu.
Their daughter has a temperature, and she's staying at home today.
Ten dom jest **ich**.
This house is **theirs**.

(Note: Polish possessive adjectives and possessive pronouns are the same.)

#31 CZAS - TIME

Czas jest najcenniejszą własnością.
Time is the most valuable asset.

(Note: Polish people don't use the word *czas* when asking questions like *what time is it?* They ask the question, "Która jest godzina?" which literally means "What hour is now?")

#32 JEŚLI - IF

Jeśli nie będę się uczył to nie zdam egzaminu.
If I don't study, I won't pass the exam.
Jeśli teraz wstanę, to nie spóźnię się do pracy.
If I wake up now, I won't be late for work.

#33 JAK \ W JAKI SPOSÓB - HOW

Jak to zrobiłeś?
How did you do that?
Czy możesz powiedzieć mi **w jaki sposób** mogę wpisać ten kod?

Could you tell me **how** can I enter this code?

#34 POWIEDZIEĆ – TELL

Muszę **powiedzieć** mu, że jutro nie przyjdę na spotkanie.
I have to **tell** him that I won't come to the meeting tomorrow.
Powiedzieliśmy mu, że spotkanie jest odwołane.
We told him that the meeting was canceled.

#35 KAŻDY \ KAŻDA \ KAŻDE – EVERY \ EACH

Każdy w was musi przygotować jeden projekt w roku.
Each of you has to prepare one project a year.
Każde dziecko musi chodzić do szkoły.
Every child has to go to school.
Każda z was może jutro iść na zakupy.
Each of you can go shopping tomorrow.

(Note: In Polish, *each | every* has to be declined by gender, number, and case. *Każdy* is masculine, *każda* is feminine, and *każde* is neutral.)

#36 TYDZIEŃ – WEEK

Chodzę na siłownię trzy raz na **tydzień**.
I go to the gym once a **week**.
Za **tydzień** mam lot do Chin.
Next **week** I have a flight to China.
Chodzę na basen trzy razy w **tygodniu**.
I go swimming three times a **week**.

(Note: *Tydzień* [a week] is a noun, so it is declined by case. That's why the word looks different in different sentences.)

#37 ROK – YEAR

Każdy ma urodziny tylko raz w **roku**.
Everybody has their birthday only once **a year**.
Ten **rok** był dla mnie bardzo ciężki.
This year has been very tough for me.

(Note: *Rok* [a year] is a noun, so it is declined by case. That's why the word looks different in different sentences.)

#38 DZIŚ \ DZISIAJ - TODAY

Zrobię to **dzisiaj**!
I'll do it **today**!
Dziś nie muszę iść do pracy. Wziąłem dzień wolnego.
Today I don't have to go to work. I took a day off.

#39 WIECZOREM - IN THE EVENING (WIECZÓR - EVENING)

Wieczorem idę do restauracji. Pójdziesz ze mną i z moimi przyjaciółmi?
I'm going to a restaurant **in the evening**. Will you come with me and my friends?

#40 W NOCY - TONIGHT (NOC - NIGHT)

W nocy będzie padał śnieg.
It will be snowing **tonight**.
Dzisiejsza **noc** będzie szalona. Idziemy do klubu!
Tonight will be crazy. We're going to a club!

#41 JUTRO - TOMORROW

Jutro będę w okolicy. Mogę cię odwiedzić?
Tomorrow I'll be around. Can I visit you?

#42 WCZORAJ - YESTERDAY

Nie zgadniesz? **Wczoraj** odwiedził mnie mój były chłopak.
Guess what? **Yesterday** my ex-boyfriend visited me.

#43 KALENDARZ - CALENDAR

Zaznaczyłam naszą rocznicę w **kalendarzu**.
I marked our anniversary on the **calendar**.
Ten **kalendarz** wygląda okropnie.
This **calendar** looks terrible.
(Note: *Kalendarz* [calendar] is a noun, so it is declined by case. That's why the word looks different in different sentences.)

#44 SEKUNDA - SECOND

Będę za 10 **sekund**.
I'll be there in 10 **seconds**.
Na stoperze zostało dwanaście **sekund**.

There are twelve **seconds** left on the stopwatch.

#45 GODZINA – HOUR

Która jest **godzina**?

What **time** is it?

(**Note:** Polish people use the word *godzina* when asking questions like *what time is it?* They ask the question "*Która jest godzina?*" which literally means "*What hour is now?*")

Będę tam za dwie **godziny**.

I'll be there in two **hours**.

#46 MINUTA – MINUTE

Będę tam za **minutę**.

I'll be there in a **minute**.

Musimy porozmawiać. Masz **minutę**?

We need to talk. Do you have a **minute**?

#47 ZEGAR – CLOCK

Zegar pokazuje, że jest za piętnaście trzecia.

The **clock** reads fifteen minutes to three.

Kupiłam nowy **zegar**. Pokażę ci.

I've just bought a new **clock**. I'll show you.

#48 MÓC – CAN

Mogę otworzyć okno?

Can I open the window?

Możecie już iść. Koniec spotkania.

You can go now. The meeting's over.

#49 KORZYSTAĆ – TO USE

Mogę **skorzystać** z twojego telefonu? Muszę zadzwonić do mamy.

Can I **use** your phone? I need to call my mom.

Tutaj nie wolno **korzystać** z telefonów komórkowych.

Here you mustn't **use** your mobile phone.

#50 IŚĆ - TO GO

Muszę **iść** do sklepu. Nie ma już pieczywa.
I have **to go** to the grocery store. There's no bread left.
Co robisz? - **Idę** do parku.
What are you doing? - **I'm going** to the park.
(**Note:** Verbs have different declensions in the Polish language. That's why the forms differ, depending on the person, number, gender, tense, etc.)

#51 PRZYCHODZIĆ - TO COME

Przyjdę trochę wcześniej.
I'll come a bit earlier.
Przyjdziesz na moje przyjęcie?
Will you come to my party?

#52 ŚMIAĆ SIĘ - TO LAUGH

Zawsze kiedy widzę to zdjęcie **śmieję się** do łez.
I always **laugh** to tears when I see this picture.
(**Note:** Some Polish verbs are accompanied by the word *się*. The good news is that this word always stays the same - only the verb changes.)

#53 WIDZIEĆ - SEE

Nie **widzę** cię. Gdzie jesteś?
I can't **see** you. Where are you?
Widzisz tamten dom? Moja siostra sprzedała go wczoraj.
Can you **see** that house? My sister sold it yesterday.

#54 DALEKO - FAR (AWAY)

Moja siostra mieszka **daleko**, ale zawsze przyjeżdża do naszego domu na Wielkanoc.
My sister lives **far away,** but she always comes to our house for Easter.

#55 MAŁY - SMALL

Ten płaszcz jest za **mały** dla mnie? Macie większe rozmiary?
This coat is too **small** for me. Do you have bigger sizes?

#56 DOBRY \ DOBRA \ DOBRE – GOOD

Ten film był **dobry**! Muszę obejrzeć go jeszcze raz.

This film was **good**! I have to watch it again.

(Note: Polish adjectives have their declensions too [number, gender, case]. The word *dobry* is quite special since its comparative and superlative look different compared to a regular gradation. Just as the English *good – better – the best*, the Polish language has *dobry – lepszy – najlepszy*.)

#57 PIĘKNY \ PIĘKNA \ PIĘKNE – BEAUTIFUL

W górach są **piękne** widoki.

There are many **beautiful** landscapes in the mountains.

Gdzie kupiłaś te buty? Są **piękne**!

Where did you buy these shoes? They're **beautiful**!

#58 BRZYDKI \ BRZYDKA \ BRZYDKIE – UGLY

Ten T-shirt jest **brzydki**. Kup tamten.

This T-shirt looks **ugly**. Buy that one.

#59 TRUDNY \ TRUDNA \ TRUDNE – DIFFICULT

To zadanie jest za **trudne** dla mnie. Mógłbyś mi pomóc?

This task is too **difficult** for me. Could you help me?

#60 ŁATWY \ ŁATWA \ ŁATWE – EASY

To jest **łatwe**! Musisz tylko wcisnąć ten przycisk.

It's **easy**. You only need to push this button.

#61 ZŁY \ ZŁA \ ZŁE – BAD

Ten człowiek jest **zły**.

This man is **bad**.

To miejsce jest **złe**.

This place is **bad**.

(Note: The word *zły* is quite special since its comparative and superlative look different compared to a regular gradation. Just as the English *bad – worse – the worst*, the Polish language has *zły – gorszy – najgorszy*.)

#62 W POBLIŻU \ BLISKO - NEAR \ NEARBY

Mieszkam **w pobliżu**.
I live **nearby**.
Mieszkam **w pobliżu** uniwersytetu.
I live **near** the university.
Ona mieszka **blisko** kościoła.
She lives **near** the church.
(**Note:** *W pobliżu* can be used as both *near* and *nearby*, yet *blisko* can be used only as *near*.)

#63 PONIEDZIAŁEK - MONDAY

W **poniedziałek** mam wizytę u lekarza.
I have a doctor's appointment on **Monday**.

#64 WTOREK - TUESDAY

We **wtorki** chodzę na basen.
On **Tuesdays,** I go swimming.

#65 ŚRODA - WEDNESDAY

W **środę** ona nie pracuje.
She doesn't work on **Wednesday**.

#66 CZWARTEK - THURSDAY

W przyszły **czwartek** idę do kina.
I'm going to the cinema next **Thursday**.

#67 PIĄTEK - FRIDAY

Piątek to najlepszy dzień tygodnia!
Friday is the best day of the week!

#68 SOBOTA - SATURDAY

W **sobotę** muszę zapłacić czynsz.
On **Saturday** I have to pay the rent.

#69 NIEDZIELA - SUNDAY

W **niedzielę** jedziemy w góry. Jedziesz z nami?
On **Sunday** we're going to the mountains? Are you going with us?

#70 STYCZEŃ
Styczeń jest dla mnie najbardziej stresujący w pracy.
January is always the most stressful in my job.

#71 LUTY
W **lutym** są Walentynki.
Valentine's Day is in **February**.

#72 MARZEC – MARCH
W **marcu** lecę do Paryża.
I'm flying to Paris in **March**.

#73 KWIECIEŃ – APRIL
Uwielbiam **kwiecień**! W kwietniu zawsze jest ciepło.
I love **April**! It's always warm outside in April.

#74 MAJ – MAY
Maj to mój ulubiony miesiąc.
May is my favorite month.

#75 CZERWIEC – JUNE
W **czerwcu**, jedziemy jedziemy odwiedzić Babcię.
In **June**, we're going to visit Grandma.

#76 LIPIEC – JULY
W **lipcu**, wyjeżdżam do Tajlandii. Muszę odpocząć na plaży.
In **July**, I'm going to Thailand. I need to rest on the beach.

#77 SIERPIEŃ – AUGUST
W **sierpniu**, nie muszę iść do szkoły.
In **August**, I don't have to go to school.

#78 WRZESIEŃ – SEPTEMBER
We **wrześniu** mam urodziny.
I have a birthday in **September**.

#79 PAŹDZIERNIK – OCTOBER
Październik jest zawsze ponury i deszczowy.
October is always dark and rainy.

#80 LISTOPAD – NOVEMBER
W listopadzie mój mąż ma urodziny.
My husband has a birthday in November.

#81 GRUDZIEŃ - DECEMBER
Lubię **grudzień**, ponieważ kocham Boże Narodzenie.
I like **December** because I love Christmas.

#82 DZIECKO - CHILD (DZIECI - CHILDREN)
Moje **dziecko** nie lubi jeść ryżu i pić mleka.
My **child** doesn't like eating rice and drinking milk.
Moje **dzieci** w poniedziałki chodzą na lekcje angielskiego.
MY **children** attend English lessons on Mondays.

#83 MĘŻCZYZNA - MAN
Ten **mężczyzna** wygląda podejrzanie.
This **man** looks suspicious.
W moim biurze jest więcej **mężczyzn** niż kobiet.
There are more **men** than women in my office.

#84 KOBIETA - WOMAN
Tamta **kobieta** wygląda pięknie!
That **woman** looks stunning!
Kobiety średnio żyją dłużej niż mężczyźni.
Women live longer than men on average.

#85 CZŁOWIEK - MAN \ HUMAN
Ten **człowiek** jest niesamowity!
This **man** is amazing!

#86 LUDZIE - PEOPLE
Ludzie w dzisiejszych czasach pracują bardzo dużo i są cały czas zajęci.
People nowadays work a lot and are busy all the time.

#87 RODZINA - FAMILY
Moja **rodzina** mieszka w Polsce.
My **family** lives in Poland.
W przyszłym miesiącu lecę do USA, aby odwiedzić moją **rodzinę**.
Next month I'm flying to the USA to see my **family**.
Dzieci z biednych **rodzin** mogą dostać stypendium socjalne.
Children from poor **families** can get a maintenance grant.

#88 MAMA – MOM
Moja **mama** jest najlepsza na świecie.
My **mom** is the best in the world.
Powiedz **mamie**, że pojadę do sklepu po pracy.
Tell **mom** that I'll be going to the grocery store when I finish work.

#89 TATA – DAD
Jej **tata** pracuje w dużej firmie.
Her **dad** works for a big company.
Wczoraj powiedziałam **tacie**, że wyjeżdżam na wymianę studencką.
Yesterday I told my **dad** that I'm going for a student exchange program.

#90 OPIEKUN – CARETAKER
Mój **opiekun** powiedział mi, że muszę wrócić do domu o dziewiątej na wieczór.
My **caretaker** said that I should go back home before nine PM.

#91 BRAT – BROTHER
Mój **brat** jest młodszy ode mnie.
My **brother** is younger than me.
Muszę pomóc mojemu **bratu** odrobić zadanie domowe.
I have to help my **brother** do his homework.

#92 SIOSTRA – SISTER
Moja **siostra** jest starsza ode mnie.
My **sister** is older than me.
Idę dzisiaj z moją **siostrą** do teatru.
I'm going to the theater with my **sister** tonight.

#93 BABCIA – GRANDMA
Moja **babcia** mieszka w innym kraju.
My **grandma** lives in a different country.
Oni jadą jutro odwiedzić **Babcię**.
They're going to visit **Grandma** tomorrow.

#94 DZIADEK - GRANDPA
Jego **dziadek** jest emerytem.
His **grandpa** is retired.
Jutro zamierzam pomóc **dziadkowi** naprawić jego rower.
Tomorrow I'm going to help my **grandpa** repair his bike.

#95 CÓRKA - DAUGHTER
Moja **córka** chodzi do liceum.
My **daughter** goes to high school.
Nie mam tej sukienki teraz. Pożyczyłam ją **córce** mojej koleżanki w zeszłym tygodniu.
I don't have this dress now. I lent it to my friend's **daughter** last week.

#96 SYN - SON
Mój **syn** chodzi do przedszkola.
My **son** goes to kindergarten.
Mojego **syna** nie ma w domu. Teraz jest w szkole.
My **son** isn't home now. He's at school.

#97 MIASTO - TOWN \ CITY
Uwielbiam Warszawę. To moje ulubione **miasto**.
I love Warsaw. It's my favorite **city**.
W jakim **mieście** mieszkasz?
What **city** do you live in?

#98 KRAJ - COUNTRY
Z jakiego **kraju** pochodzisz?
What **country** do you come from?
To jest bogaty **kraj**.
It's a rich **country**.

#99 ŚWIAT - THE WORLD
Świat oszalał.
The world has gone crazy.
Kawa to najlepszy napój **na świecie**.
Coffee is the best drink **in the world**.

#100 KONTYNENT - CONTINENT
Na jakim **kontynencie** znajduje się Polska?
What **continent** is Poland located in?
Azja to największy **kontynent**.
Asia is the largest **continent**.
#101 MIEJSCE - PLACE
Co za piękne **miejsce**! Wrócę tu za rok!
What a beautiful **place**! I'll certainly come back here next year.
#102 SAMOCHÓD - CAR
Wczoraj kupiliśmy nowy **samochód**.
Yesterday we bought a new **car**.
Przepraszam, gdzie mogę wypożyczyć **samochód**?
Excuse me, where can I rent a **car**?
#103 ROWER - BIKE
Mój **rower** zepsuł się dwa dni temu. Mogę pożyczyć twój?
My **bike** broke down two days ago. Can I borrow yours?
Jeżdżę na **rowerze** codziennie.
I ride a **bike** every day.
#104 AUTOBUS - BUS
Przepraszam, kiedy odjeżdża **autobus** 501?
Excuse me, when does the **bus** 501 leave?
Widzisz tamten żółty **autobus**? Jeżdżę nim codziennie do szkoły.
Can you see that yellow **bus**? I go to school on it every day.
#105 POCIĄG - TRAIN
Przepraszam, kiedy odjeżdża **pociąg** do Warszawy?
Excuse me, when does the **train** to Warsaw leave?
Pociąg do Warszawy odjeżdża o 13:45.
The **train** to Warsaw leaves at 1:45 PM.
#106 SKLEP - SHOP \ STORE
Idę do **sklepu**. Mam coś ci kupić?
I'm going to a **store**. Shall I buy anything for you?
W moim mieście jest tylko jeden **sklep**.

There's only one **shop** in my town.

#107 RZECZ - THING
Włóż tę **rzecz** do plecaka.
Put this **thing** into your backpack.

#108 DRZWI - DOOR
Czy mógłbyś zamknąć **drzwi**?
Could you close the **door**, please?
Prosimy zamykać **drzwi**.
Please, close the **door**.
(**Note:** You can see this sentence on the door of a store, public institution, etc.)

#109 OKNO - WINDOW
Mógłbyś otworzyć **okno**? Jest tutaj naprawdę gorąco.
Could you open the **window**? It's really hot in here.
Zamknę **okno**, jeśli chcesz.
I'll close the **window** if you want me to.

#110 COŚ - SOMETHING
Muszę **coś** zjeść. Jestem głodny.
I need to eat **something**. I'm hungry.
Masz **coś** do picia?
Do you have **something** to drink?

#111 KTOŚ - SOMEBODY \ ANYBODY
Ktoś dał mi wczoraj tę ulotkę.
Somebody gave me this leaflet yesterday.
Czy **ktoś** rozumie co to znaczy?
Does **anyone** understand what it means?

#112 NIKT - NOBODY
Chcę coś zmienić, ale **nikt** mnie nie słucha.
I want to make a difference, but **nobody** listens to me.
Nikt nie chce pożyczyć mi pieniędzy.
Nobody wants to lend me some money.
(**Note:** In Polish, there is double negation. These sentences can be literally translated like *"I want to make a difference, but nobody*

doesn't want to listen to me" and *"Nobody doesn't want to lend me some money."*)

#113 STÓŁ – TABLE
Połóż klucze na **stole**.
Put the keys on the **table**.

#114 KRZESŁO – CHAIR
Ile **krzeseł** potrzebujemy do naszego nowego salonu?
How many **chairs** do we need for our new living room?
Gdzie jest moja kurtka? – Na **krześle**.
Where's my jacket? – On the **chair**.

#115 KOMPUTER – COMPUTER
Mógłbyś pojechać ze mną do galerii dzisiaj? Muszę kupić nowy **komputer**.
Could you go to a shopping mall today? I need to buy a new **computer**.
Ten **komputer** nie działa.
This **computer** is out of order.

#116 LAPTOP – LAPTOP
Mój **laptop** jest bardzo szybki, i ma duży ekran.
My **laptop** is really fast, and it has a big screen.
Ona sprzedała **laptopa**.
She's sold the **laptop**.

#117 PRACA – WORK \ JOB
Możesz zadzwonić później? Jestem teraz **w pracy**.
Could you call me later? I'm **at work** right now.
Straciłem **pracę** w zeszłym tygodniu.
I lost my **job** last week.

#118 SZKOŁA – SCHOOL
Moja **szkoła** jest w centrum miasta.
My **school** is in the city center.
Nie mam **szkoły** w piątki.
I don't have **school** on Fridays.

#119 GAZETA - NEWSPAPER
Idę do kiosku. Chcesz **gazetę**?
I'm going to a newsagent's. Do you want a **newspaper**?
Skąd o tym wiesz? - Przeczytałam **w gazecie**.
How do you know that? - I read it **in a newspaper**.

#120 KSIĄŻKA - BOOK
Ostatnio przeczytałam świetną **książkę**.
I recently read a very nice **book**.
Chciałbym wypożyczyć **książkę**.
I'd like to borrow a **book**.

#121 DŁUGOPIS - PEN
Czy mogłabyś pożyczyć mi **długopis**?
Could you lend me a **pen**?

#122 PAPIER - PAPER
Potrzebuję więcej **papieru**, żeby to wydrukować.
I need more **paper** to print it.

#123 WODA - WATER
Czy mogę prosić o szklankę **wody**?
Can I have a glass of **water**?
Ile kosztuje **woda gazowana**?
How much is **sparkling water**?

#124 TORBA \ TOREBKA - BAG
Czy macie papierowe **torebki**?
Do you have paper **bags**?

#125 UBRANIA - CLOTHES
Nie wiem ile **ubrań** włożyć do walizki.
I don't know how many **clothes** to put into my suitcase.

#126 SZCZĘŚCIE - HAPPINESS
Pieniądze **szczęścia** nie dają. (Idiom)
Money doesn't bring you **happiness**.

#127 MIŁOŚĆ - LOVE
Miłość jest wokół nas. (Idiom)
Love is all around.

#128 ROŚLINA - PLANT
Czy mogłabyś podlać **roślinę**?
Could you water the **plant**, please?
#129 PIŁKA - BALL
Kupiłem świetną **piłkę**. Zobacz!
I bought a cool **ball**. Look!
#130 WAKACJE - VACATION
Gdzie zamierzasz pojechać na **wakacje** w tym roku?
Where are you going to go on **vacation** this year?
#131 JĘZYK - LANGUAGE
Polski to bardzo trudny **język**, ale się nie poddam.
Polish is a very difficult **language**, but I won't give up.
Ile **języków** znasz?
How many **languages** do you speak?
#132 PYTANIE - QUESTION
Przepraszam; mam **pytanie**.
Excuse me; I have a **question**.
#133 ODPOWIEDŹ - ANSWER
Potrzebuję szybkiej **odpowiedzi**. Tak czy nie?
I need a quick **answer**. Yes or no?
#134 SPOTKANIE - MEETING
Musimy odwołać **spotkanie**.
We need to cancel the **meeting**.
Spóźnię się na **spotkanie**.
I'll be late for the **meeting**.
#135 IMPREZA \ PRZYJĘCIE - PARTY
Przyjdziesz na **przyjęcie**?
Will you come to the **party**?
O której zaczyna się **impreza**?
What time does the **party** start?
#136 POCZĄTEK - BEGINNING
Możesz znaleźć **początek** tej nici?
Can you find the **beginning** of this thread?

Początek jest zawsze trudny.
The beginning is always hard.

#137 KONIEC – END
To już koniec mojej prezentacji. Dziękuję za uwagę.
That's the end of my presentation. Thank you for your attention.

#138 ŻYCIE – LIFE
Życie nie jest łatwe.
Life's not easy.

#139 PIENIĄDZE – MONEY
Czy mógłbyś pożyczyć mi pieniądze?
Could you lend me some money?

#140 BYĆ – TO BE
Jestem Paula.
I am Paula.

#141 MIEĆ – TO HAVE
Mam kota.
I have a cat.

#142 IŚĆ – TO GO
Idę do sklepu.
I'm going to the store.

#143 PRÓBOWAĆ – TO TRY
Próbowałem wiele razy.
I've tried many times.

#144 POMAGAĆ – TO HELP
Pomagam tacie.
I'm helping my dad.

#145 BAWIĆ SIĘ – TO PLAY
Lubię bawić się na dworze.
I like playing outside.

#146 SPACEROWAĆ – TO WALK
Lubisz spacerować?
Do you like walking?

#147 UCZYĆ SIĘ - TO LEARN
W szkole muszę **się uczyć.**
I have **to learn** at school.
#148 MIESZKAĆ - TO LIVE
Mieszkam w mieście.
I live in a city.
#149 PRACOWAĆ - TO WORK
Pracuję w dużej firmie.
I work in a big company.
#150 JEŚĆ - TO EAT
Chodźmy coś **zjeść!**
Let's go **eat** something!
#151 PIĆ - TO DRINK
Ona **wypiła** już kawę.
She has already drunk her coffee.
#152 PISAĆ - TO WRITE
Piszę e-mail.
I'm writing an e-mail.
#153 CZYTAĆ - TO READ
On czyta książkę.
He's reading a book.
#154 LICZYĆ - TO COUNT
Mogę na ciebie **liczyć?**
Can I **count** on you?
#155 RYSOWAĆ - TO DRAW
Uczę się **rysować.**
I'm learning how **to draw.**
#156 MALOWAĆ - TO PAINT
Oni **malują.**
They're painting.
#157 WIDZIEĆ - TO SEE
Nie **widzę** go.
I can't **see** him.

#158 WYGLĄDAĆ \ SPOGLĄDAĆ - TO LOOK
Dobrze **wyglądasz**!
You **look** good!

#159 OGLĄDAĆ - TO WATCH
Oglądam telewizję.
I'm **watching** TV.

#160 SŁYSZEĆ - TO HEAR
Usłyszałem dziwny głos.
I've just **heard** a strange voice.

#161 SŁUCHAĆ - TO LISTEN
Słuchamy muzyki.
We're listening to music.

#162 SPAĆ - TO SLEEP
Idę **spać**.
I'm going **to sleep**.

#163 GOTOWAĆ - TO COOK
Umiesz **gotować**?
Can you **cook**?

#164 SPRZĄTAĆ - TO CLEAN
Muszę dzisiaj **sprzątać** mieszkanie.
I have **to clean** the flat today.

#165 PODRÓŻOWAĆ - TO TRAVEL
Podróżuję do Chin.
I'm **traveling** to China.

#166 JECHAĆ - TO DRIVE
Jadę do domu.
I'm **driving** home.

#167 LATAĆ - TO FLY
Chciałbyś **polecieć** do Londynu?
Would you like **to fly** to London?

#168 PŁYWAĆ - TO SWIM
Nie umiem **pływać**.
I can't **swim**.

#169 BIEGAĆ - TO RUN
Ona teraz biega.
She's running now.
#170 SIEDZIEĆ - TO SIT
Usiądźcie.
Sit down.
#171 ROZPOCZYNAĆ - TO BEGIN
Przedstawienie rozpoczyna się o 8:00.
The show begins at 8 AM.
#172 STAĆ - TO STAND
Stań tutaj.
Stand here.
#173 KŁAŚĆ - TO PUT
Gdzie mogę położyć tę paczkę?
Where can I put this parcel?
#174 WYCHODZIĆ - TO LEAVE
Właśnie wychodziliśmy.
We were just leaving.
#175 PRZYCHODZIĆ - TO COME
Przyjdź do mojego biura o 9:00.
Come to my office at 9 AM.
#176 ŚPIEWAĆ - TO SING
Nie umiem śpiewać.
I can't sing.
#177 TAŃCZYĆ - TO DANCE
Zatańczymy?
Shall we dance?
#178 PAMIĘTAĆ - TO REMEMBER
Pamiętaj o mnie.
Remember about me.
#179 ZAPOMINAĆ - TO FORGET
Zapomniałem o spotkaniu!
I've just forgotten about the meeting!

#180 WYBIERAĆ - TO CHOOSE
Wybierz jedną opcję.
Choose one option.
#181 ZAMYKAĆ - TO CLOSE
Zamknij drzwi, proszę.
Close the door, please.
#182 OTWIERAĆ - TO OPEN
Czy mógłbyś otworzyć okno?
Could you open the window?
#183 TWORZYĆ - TO CREATE
Stwórzmy własny projekt!
Let's create our project!
#184 BUDOWAĆ - TO BUILD
On buduje dom.
He's building a house.
#185 POKAZYWAĆ - TO SHOW
Pokażesz mi?
Can you show me?
#186 CZUĆ - TO FEEL
Czuję się dobrze.
I feel good.
#187 CZUĆ - TO SMELL
Czuję coś dziwnego.
I'm smelling something strange.
#188 PRÓBOWAĆ - TO TASTE
Spróbuj tej zupy.
Taste this soup.
#189 MYŚLEĆ - TO THINK
Myślę, że to dobry pomysł.
I think that it's a good idea.
#190 ROSNĄĆ - TO GROW
Dzieci rosną bardzo szybko.
Children grow very fast.

#191 MYĆ – TO WASH
Muszę **umyć** samochód.
I need **to wash** my car.

#192 WIERZYĆ – TO BELIEVE
Wierzę, że to się stanie.
I believe that it will happen.

#193 MÓWIĆ – TO SPEAK
Mów głośniej!
Speak up!

#194 POWIEDZIEĆ – TO SAY
Powiedz coś!
Say something!

#195 ROZMAWIAĆ – TO TALK
Możemy teraz **porozmawiać**?
Can we **talk** now?

#196 DAWAĆ – TO GIVE
Czy mógłbyś mi to **dać**?
Could you **give** me this?

#197 BRAĆ – TO TAKE
Muszę **wziąć** dzień wolny.
I have **to take** a day off.

#198 POŻYCZAĆ – TO BORROW
Pożyczysz mi swój samochód?
Will you borrow me your car?

#199 POŻYCZAĆ – TO LEND
Pożyczę ci mój samochód.
I will lend you my car.

#200 SKAKAĆ – TO JUMP
On **skacze** bardzo wysoko.
He's jumping very high.

#201 ODEJŚĆ – TO QUIT
Odchodzę!
I quit!

#202 UDERZYĆ - TO HIT
Mocno mnie **uderzyła**!
She hit me hard!

#203 STRZELAĆ - TO SHOOT
Strzelaj!
Shoot!

#204 KUPOWAĆ - TO BUY
Chcę **kupić** nowy samochód.
I want **to buy** a new car.

#205 SPRZEDAWAĆ - TO SELL
Muszę **sprzedać** dom.
I have **to sell** my house.

#206 WYMIENIAĆ - TO EXCHANGE
Czy mogę **wymienić** pieniądze?
Can I **exchange** my money?

#207 WYGRYWAĆ - TO WIN
Moja drużyna **wygrała** zawody!
My team **won** the competition!

#208 PRZEGRYWAĆ - TO LOSE
Moja drużyna **przegrała** zawody.
My team **lost** the competition.

#209 ROZUMIEĆ - TO UNDERSTAND
Rozumiesz?
Do you understand?

#210 UCZYĆ - TO TEACH
Uczę w szkole podstawowej.
I teach at primary school.

#211 ŁAPAĆ - TO CATCH
Łap piłkę!
Catch the ball!

#212 WIOSNA - SPRING
Wiosna to moja ulubiona pora roku.
Spring is my favorite season.

#213 LATO - SUMMER
Latem, zawsze wyjeżdżam nad morze.
During summer, I always go to the seaside.
#214 JESIEŃ - AUTUMN \ FALL
Jesienią, mam zawsze dużo do roboty.
During fall, I always have so much to do.
#215 ZIMA - WINTER
W moim kraju **zima** trwa pięć miesięcy.
In my country, **winter** lasts five months.
#216 DŁUGI - LONG
Ta drabina jest za **długa**. Musimy znaleźć inną.
This ladder is too **long**. We have to find another one.
#217 KRÓTKI - SHORT
Film był świetny ale za **krótki**, moim zdaniem.
The film was great but too **short**, in my opinion.
#218 NISKI - LOW
Temperatura jest za **niska**. Musimy to bardziej podgrzać.
The temperature is too **low**. We have to warm it up.
#219 WYSOKI - TALL
Mój chłopak jest bardzo **wysoki**.
My boyfriend is very **tall**.
#220 CHUDY - SKINNY \ THIN
Moja siostra jest bardzo **chuda**.
My sister is very **skinny**.
#221 GRUBY - FAT \ THICK
Jestem za **gruby**. Muszę schudnąć.
I'm too **fat**. I have to lose weight.
#222 CIEPŁY - WARM
Jestem głodna. Mamy coś **ciepłego** do zjedzenia.
I'm hungry? Do we have anything **warm** to eat?
#223 GORĄCY - HOT
W **gorące** dni, zawsze piję dużo wody.
On **hot** days, I always drink a lot of water.

#224 ZIMNY – COLD

W **zimne** dni, zawsze piję herbatę.
On **cold** days, I always drink tea.

#225 JASNY – LIGHT

W moim pokoju ściany są pomalowane na **jasny** kolor.
The walls are painted a **light** color in my room.

#226 CIEMNY – DARK

Uwielbiam jeść **ciemną** czekoladę.
I love eating **dark** chocolate.

#227 SZCZĘŚLIWY – HAPPY

Jestem **szczęśliwy**.
I'm **happy**.
On musi być **najszczęśliwszym** człowiekiem na ziemi!
He must be **the happiest** man in the world!

#228 SMUTNY – SAD

Ona wygląda na **smutną**.
She looks **sad**.

#229 STARY – OLD

Mój samochód jest już bardzo **stary**. Chyba nie dam rady pojechać w góry.
My car is very **old**. I might not be able to go to the mountains.

#230 MŁODY – YOUNG

On jest za **młody** żeby pić alkohol.
He's too **young** to drink alcohol.

#231 NOWY – NEW

Ostatnio kupiłem **nowy** telefon.
I've bought a **new** mobile phone recently.

#232 ŚMIESZNY – FUNNY

On zawsze opowiada **śmieszne** żarty.
He always tells **funny** jokes.

#233 SILNY – STRONG
Jutro będzie **silny** wiatr. Lepiej schowaj rośliny do szopy!
Tomorrow there's going to be a **strong** wind. You'd better put these plants inside your shed!

#234 SŁABY – WEAK
Nie słyszę cię! Sygnał jest zbyt **słaby**.
I can't hear you! The signal is too **weak**.

#235 FAJNY – COOL
To miejsce jest naprawdę **fajne**.
This place is really **cool**.

#236 CIĘŻKI – HEAVY
Ten karton jest za **ciężki**. Czy możesz mi pomóc?
This box is too **heavy**. Can you help me?

#237 LEKKI – LIGHT
Wolę jeść **lekkie** posiłki.
I prefer eating **light** meals.

#238 PÓŹNY – LATE
Czasami oglądam telewizję **późnym** popołudniem.
I sometimes watch TV in the **late** afternoon.

#239 WCZESNY – EARLY
Wczesnym rankiem piję kawę, i jem owsiankę.
I drink coffee **early** in the morning, and eat oatmeal.

#240 DROGI – EXPENSIVE
Ten pierścionek jest za **drogi** dla mnie. Wezmę ten pierwszy.
This ring is too **expensive** for me. I'll take the first one.

#241 TANI – CHEAP
Tutaj jest bardzo **tanio**!
This place is very **cheap**!

#242 TWARDY – HARD
Diamenty są bardzo **twarde**.
Diamonds are very **hard**.

#243 MIĘKKI - SOFT
Jedwab jest bardzo **miękki**.
Silk is very **soft**.

#244 MĄDRY - SMART
Moja siostra chodzi na dodatkowe zajęcia. Jest bardzo **mądra**.
My sister attends extracurricular classes. She's very **smart**.

#245 GŁUPI - STUPID
To jest **głupi** pomysł.
It's a **stupid** idea.

#246 CIEKAWY - INTERESTING
Czytam bardzo **ciekawą** książkę.
I'm reading a really **interesting** book.

#247 NUDNY - BORING
Ten film jest **nudny**. Zamiast tego obejrzyjmy jakiś serial.
This movie is **boring**. Let's watch a series instead.

#248 BEZPIECZNY - SAFE
Jesteście tutaj **bezpieczni**. Nie musicie się bać.
You're **safe** here. You don't have to worry.

#249 NIEBEZPIECZNY - DANGEROUS
Nie pójdę tam sam. To miejsce jest **niebezpieczne**.
I won't go there alone. This place is **dangerous**.

#250 TRUDNY - DIFFICULT
Ten egzamin był naprawdę **trudny**. Obawiam się, ze go nie zdam.
This test was really **difficult**. I'm afraid I won't pass it.

#251 CIERPLIWY - PATIENT
Musisz być **cierpliwy**. W końcu ci się uda.
You have to be **patient**. You'll eventually make it.

#252 NIECIERPLIWY - IMPATIENT
On jest taki **niecierpliwy**!
He's being so **impatient**!

#253 GŁÓWNY - MAIN
To jest **główny** powód dla którego zostaję w domu.
This is the **main** reason why I'm staying at home.

#254 WAŻNY - IMPORTANT
Jutro mam **ważne** spotkanie w pracy.
Tomorrow I have an **important** meeting at work.

#255 NIEWAŻNY - UNIMPORTANT
Ten email jest **nieważny**.
This email is **unimportant**.

#256 PILNY - URGENT
Zrób to dziś po pracy. To jest bardzo **pilne**.
Do it today after work. It's very **urgent**.

#257 ZDROWY - HEALTHY
Staram się jeść **zdrowy** posiłek co najmniej raz dziennie.
I'm trying to have a **healthy** meal at least once a day.

#258 NIEZDROWY - UNHEALTHY
Powinieneś przestać jeść **niezdrowe** jedzenie.
You should stop eating **unhealthy** food.

#259 WOLNY - SLOW
Na pewno spóźnię się do pracy! Ten samochód jest zbyt **wolny**.
I will certainly be late for work. This car is too **slow**.

#260 SZYBKI - FAST
Piotr kupił **szybki** motocykl dwa dni temu.
Piotr bought a **fast** motorcycle two days ago.

#261 ZAJĘTY - BUSY
Nie mogę teraz rozmawiać. Jestem **zajęty**.
I can't talk right now. I'm **busy**.

#262 ZATŁOCZONY - CROWDED
To miejsce jest bardzo **zatłoczone**. Chodźmy gdzieś indziej.
This place is very **crowded**. Let's go somewhere else.

#263 PUSTY - EMPTY
Butelka jest **pusta**. Muszę kupić mleko.
The bottle is **empty**. I need to buy some milk.

#264 PEŁNY – FULL
Nie dam rady tego zjeść. Jestem **pełny**.
I won't be able to eat that. I'm **full**.

#265 ZIELONY – GREEN
Spójrz na ten **zielony** T-shirt. Wygląda świetnie.
Look at that **green** T-shirt. It looks cool.

#266 CZERWONY – RED
Moja siostra uwielbia kolor **czerwony**.
My sister loves **red**.

#267 ŻÓŁTY – YELLOW
Wczoraj kupiłam **żółte** sandały.
I bought **yellow** sandals yesterday.

#268 NIEBIESKI – BLUE
Dziś niebo jest **niebieskie**. Chodźmy na zewnątrz.
The sky is **blue** today. Let's go outside.

#269 CZARNY – BLACK
Podobają ci się **czarne** koty?
Do you like **black** cats?

#270 BIAŁY – WHITE
Ta czarna marynarka pasuje do **białej** bluzki.
This black jacket goes well with the **white** shirt.

#271 POMARAŃCZOWY – ORANGE
Ta żółta bluzka nie pasuje do **pomarańczowych** spodni.
This yellow shirt doesn't go well with these **orange** trousers.

#272 RÓŻOWY – PINK
Lubisz **różowy** kolor?
Do you like the **pink** color?

#273 FIOLETOWY – PURPLE
Fioletowy to mój ulubiony kolor.
Purple is my favorite color.

#274 BRĄZOWY – BROWN
Spójrz na te **brązowe** krzesła. Będą świetnie wyglądać w moim ogrodzie.

Look at these **brown** chairs. They will look very cool in my garden.

#275 SZARY – GRAY
Podoba ci się ten **szary** krawat?
Do you like this **gray** tie?

#276 ZŁOTY – GOLDEN \ GOLD
Kupiłem wczoraj **złoty** pierścionek. Zamierzam się oświadczyć.
I bought a **golden** ring yesterday. I'm going to get engaged.

#277 SREBRNY – SILVER
Co myślisz o tej **srebrnej** bransoletce?
What do you think about this **silver** bracelet?

#278 KOLOROWY – COLORFUL
Nie lubię **kolorowych** ubrań. Wolę czarne i białe ubrania.
I don't like **colorful** clothes. I prefer black and white clothes.

Chapter 4 – Weather

You have just gone through the most important and frequent words of the Polish language. Congratulations. Before you move on to more specific words, you need to summarize what you've learned. At first, you familiarized yourself with the Polish language by learning the alphabet, pronunciation, numbers, and some basic facts. Then, you learned some theoretical background that is necessary for you to acquire the vocabulary faster and more efficiently. Finally, you learned the essential words for colors, family members, basic verbs, and adjectives, as well as some frequently used conjunctions.

To sum up, you now know the structure of the Polish language and are aware of its complexity. Also, you have probably noticed that it is impossible to translate the sentences directly. Moreover, Polish words sometimes change their ending in the sentence since the cases, genders, and many other grammatical phenomena are a real thing.

Now you are about to learn specific words. Each chapter will revolve around a different topic. After each chapter, you will have a chance to revise your vocabulary.

#279 PROGNOZA POGODY - A WEATHER FORECAST
Oglądam właśnie **prognozę pogody**.
I'm watching the **weather forecast** right now.

#280 POGODA - WEATHER
Pogoda jest ładna. Wyjdę na spacer.

The **weather** is nice. I'll go for a walk.
#281 SŁOŃCE – SUN
Słońce świeci. Chodźmy na plażę.
The **sun** is shining. Let's go to the beach.
#282 TEMPERATURA – TEMPERATURE
Temperatura jutro ma być niska. Lepiej zabierzmy kurtki.
The **temperature** is going to be low tomorrow. We'd better take the jackets.
#283 SŁONECZNY – SUNNY
Jutro będzie **słoneczny** dzień.
Tomorrow there's going to be a **sunny** day.
#284 CHMURA – CLOUD
Spójrz na tamtą **chmurę**! Wygląda pięknie.
Look at that **cloud**. It looks beautiful.
#285 ZACHMURZENIE – OVERCAST
Jutro spodziewamy się **zachmurzenia** w całym kraju.
Tomorrow we expect **overcast** all over the country.
#286 DESZCZ – RAIN
Deszcz jest ważny dla roślin.
Rain is important for plants.
#287 PADAĆ – TO RAIN
Pada deszcz!
It's raining outside!
#288 PRZELOTNE OPADY – SHOWERS
Jutro mogą wystąpić **przelotne opady** w naszym kraju.
Tomorrow there might be **showers** in our country.
#289 ŚNIEG – SNOW
Uwielbiam **śnieg**!
I love the **snow**!
#290 OPADY DESZCZU – RAINFALL
Dziś w nocy będą silne **opady deszczu**.
There is going to be heavy **rainfall** tonight.

#291 OPADY ŚNIEGU - SNOWFALL
W poniedziałek będą silne **opady śniegu**.
There's going to be heavy **snowfall** on Monday.

#292 MGŁA - FOG
Nic nie widzę! Wszędzie jest **mgła**.
I can't see anything. There's **fog** everywhere.

#293 ŚLISKA NAWIERZCHNIA - SLIPPERY ROAD
Uważaj! **Nawierzchnia** jest bardzo **śliska**.
Watch out! The **road** is very **slippery**.

#294 WILGOTNOŚĆ POWIETRZA - AIR HUMIDITY
Wilgotność powietrza w naszym kraju wyniesie dziś 50 procent.
Air humidity in our country is going to be 50 percent today.

#295 CIŚNIENIE - PRESSURE
Potrzebujemy więcej **ciśnienia**!
We need more **pressure**!

#296 BURZA - A STORM
Uważaj na siebie. Po południu zapowiadają **burzę**.
Be careful. There's going to be a **storm** in the afternoon.

#297 BŁYSKAWICA - LIGHTNING
Widziałeś tę **błyskawicę**?
Did you see that **lightning**?

#298 WIATR - WIND
Wiatr jest bardzo silny. Wracajmy do domu.
The wind is very strong. Let's go back home.

#299 PRĘDKOŚĆ WIATRU - WIND SPEED
Jutro **prędkość wiatru** wyniesie 80 kilometrów na godzinę.
The **Wind speed** is going to hit 80 kilometers per hour tomorrow.

#300 HURAGAN - HURRICANE
W Stanach Zjednoczonych jest teraz **huragan**.
There is a **hurricane** in the United States right now.

#301 TORNADO – TORNADO
Widzisz to? To jest **tornado**!
Can you see that? It's a **tornado**!
#302 POWÓDŹ – FLOOD
W zeszłym roku była **powódź** w moim kraju.
Last year there was a **flood** in my country.
#303 SUSZA – DROUGHT
Latem będzie **susza**.
There's going to be a **drought** this summer.

A short quiz: Provide the Polish equivalents of the following words

A WEATHER FORECAST
WEATHER
SUN
TEMPERATURE
SUNNY
A CLOUD
OVERCAST
RAIN
TO RAIN
SHOWERS
SNOW
RAINFALL
SNOWFALL
FOG
A SLIPPERY ROAD
AIR HUMIDITY
PRESSURE
A STORM
A LIGHTNING
WIND
WIND SPEED
A HURRICANE
A TORNADO

FLOOD
DROUGHT

Chapter 5 – Family and Relationships

#304 CZŁONKOWIE RODZINY – FAMILY MEMBERS
Utrzymuję kontakt z dalekimi **członkami mojej rodziny**.
I've been in contact with my distant **family members**.
#305 RODZICE – PARENTS
Mieszkam z **rodzicami**.
I live with my **parents**.
#306 RODZEŃSTWO – SIBLINGS
Moje **rodzeństwo** mieszka w Australii.
My **siblings** live in Australia.
#307 OJCZYM – STEPFATHER
Mój **ojczym** jest prawnikiem.
My **stepfather** is a lawyer.
#308 MACOCHA – STEPMOTHER
Moja **macocha** mnie nie lubi.
My **stepmother** doesn't like me.
#309 BRAT PRZYRODNI – STEPBROTHER
Mój **brat przyrodni** mieszka w Niemczech.
My **stepbrother** lives in Germany.
#310 SIOSTRA PRZYBRANA – STEPSISTER
Jutro zamierzam odwiedzić moją **przybraną siostrę**.
Tomorrow I'm going to visit my **stepsister**.

#311 WNUK – GRANDSON
Nie widziałam mojego **wnuka** od roku.
I haven't seen my **grandson** for a year.

#312 WNUCZKA – GRANDDAUGHTER
Jego **wnuczka** studiuje w Paryżu.
His **granddaughter** studies in Paris.

#313 CIOCIA – AUNT
Twoja **ciocia** mieszka na wsi.
Your **aunt** lives in the countryside.

#314 WUJEK – UNCLE
Jej **wujek** jest prezydentem.
Her **uncle** is the president.

#315 BRATANEK / SIOSTRZENIEC – NEPHEW
Mój **bratanek** kończy jutro 15 lat.
My **nephew** is turning 15 tomorrow.

#316 BRATANICA / SIOSTRZENICA – NIECE
Moja **siostrzenica** ma jutro urodziny. Muszę kupić jej prezent.
My **niece** is having a birthday tomorrow. I have to buy her a present.

#317 KUZYN / KUZYNKA – COUSIN
Moja **kuzynka** mieszka obok mnie.
My **cousin** lives next to me.

#318 TEŚĆ – FATHER-IN-LAW
Mój **teść** jest na emeryturze.
My **father-in-law** is retired.

#319 TEŚCIOWA – MOTHER-IN-LAW
Jego **teściowa** świetnie gotuje. Kiedyś była szefem kuchni w restauracji.
His **mother-in-law** cooks very well. She used to be a chef in a restaurant.

#320 SZWAGIER – BROTHER-IN-LAW
Mój **szwagier** prowadzi firmę informatyczną.
My **brother-in-law** runs an IT company.

#321 SZWAGIERKA - SISTER-IN-LAW
Jutro jedziemy odwiedzić twoją **szwagierkę**.
Tomorrow we're going to visit your **sister-in-law**.

#322 POKREWIEŃSTWO / RELACJA - RELATIONSHIP
Jaka **relacja** łączy cię z nim?
What's the **relationship** between you and him?

#323 W ZWIĄZKU - IN A RELATIONSHIP
Jestem **w związku**.
I'm **in a relationship**.

#324 WYŚJĆ ZA KOGOŚ - TO MARRY SOMEBODY
Wychodzę za niego w maju.
I'm marrying him in May.

#325 ŻONATY (MASCULINE) - ZAMĘŻNA (FEMININE) - MARRIED
Jestem **żonaty**.
I'm **married**.
Ona jest **zamężna**.
She's **married**.

#326 WZIĄĆ ŚLUB - TO GET MARRIED
Zamierzamy **wziąć ślub** za dwa lata.
We're going **to get married** in two years.

#327 ŚLUB - WEDDING
Przyjdziesz na nasz **ślub**?
Will you come to our **wedding**?

#328 MAŁŻONKOWIE / MAŁŻEŃSTWO - MARRIED COUPLE
Oni są **małżeństwem** od 2003 roku.
They've been **a married couple** since 2003.

#329 MĄŻ - HUSBAND
To jest mój **mąż**, Robert.
This is my **husband**, Robert.

#330 ŻONA - WIFE
To jest moja **żona**, Anna.

This is my **wife,** Anna.

#331 PAN MŁODY - GROOM
Pan młody zorganizował wieczór kawalerski dla swoich kumpli.
The groom organized a bachelor's party for his friends.

#332 PANNA MŁODA - BRIDE
Panna młoda zamierza ubrać beżową suknię na ślub.
The bride is going to wear a beige dress for the wedding ceremony.

#333 ZARĘCZYĆ SIĘ - TO GET ENGAGED
Moja przyjaciółka **zaręczyła się** wczoraj w Grecji.
My friend **got engaged** in Greece yesterday.

#334 OŚWIADCZYĆ SIĘ KOMUŚ - TO PROPOSE TO SOMEBODY
Mój narzeczony **oświadczył mi się** tydzień temu.
My fiancée **proposed to me** last week.

#335 ZARĘCZYNY - AN ENGAGEMENT
Ona zerwała **zaręczyny**.
She broke off the **engagement.**

#336 CHŁOPAK - BOYFRIEND
Mój **chłopak** mieszka za granicą. Często rozmawiamy przez Skype.
My **boyfriend** lives abroad. We often talk through Skype.

#337 DZIEWCZYNA - GIRLFRIEND
Jego **dziewczyna** miała wypadek samochodowy w zeszłym miesiącu.
His **girlfriend** had a car accident last month.

#338 CHODZIĆ Z KIMŚ - TO GO OUT WITH SOMEBODY
Chodzimy ze sobą od roku.
We've been going out with each other for a year.

#339 RANDKA - A DATE
Mam **randkę** dziś wieczorem.
I'm having **a date** tonight.

#340 RANDKOWAĆ – TO DATE
Randkujemy ze sobą od kilku dni.
We've been dating each other for a couple of days.

#341 ZERWAĆ Z KIMŚ – TO BREAK UP WITH SOMEBODY
Zerwałem z nią wczoraj.
I broke up with her yesterday.

#342 ROZWIEŚĆ SIĘ – TO GET DIVORCED / TO GET A DIVORCE
Zamierzamy się rozwieść.
We're going to get a divorce.

#343 ROZWIEDZIONY / ROZWIEDZIONA – DIVORCED
Ona jest rozwiedziona.
She's divorced.
On jest rozwiedziony.
He's divorced.

#344 W STANIE WOLNYM / SINGIEL (M.) / SINGIELKA (F.) – SINGLE
Jesteś singielką?
Are you single?
Jesteś singlem?
Are you single?

#345 BEZDZIETNY / BEZDZIETNA – CHILDLESS
Moja nauczycielka jest bezdzietna.
My teacher is childless.

#346 MIEĆ DZIECI – TO HAVE CHILDREN
Masz dzieci?
Do you have children?

#347 W CIĄŻY – PREGNANT
Jestem w ciąży.
I'm pregnant.

A short quiz: Provide the Polish equivalents of the following words

FAMILY MEMBERS
PARENTS
SIBLINGS
STEPFATHER
STEPMOTHER
STEPBROTHER
STEPSISTER
GRANDSON
GRANDDAUGHTER
AUNT
UNCLE
NEPHEW
NIECE
COUSIN
FATHER-IN-LAW
MOTHER-IN-LAW
BROTHER-IN-LAW
SISTER-IN-LAW
RELATIONSHIP
IN A RELATIONSHIP
TO MARRY SOMEBODY
MARRIED
TO GET MARRIED
A MARRIED COUPLE
HUSBAND
WIFE
GROOM
BRIDE
TO GET ENGAGED
TO PROPOSE TO SOMEBODY
ENGAGEMENT
BOYFRIEND
GIRLFRIEND
TO GO OUT WITH SOMEBODY

DATE
TO DATE
TO BREAK UP WITH SOMEBODY
TO GET DIVORCED / TO GET A DIVORCE
DIVORCED
SINGLE
CHILDLESS
TO HAVE CHILDREN
PREGNANT

Chapter 6 – Clothes

#348 BLUZKA Z KRÓTKIM RĘKAWEM / T-SHIRT – T-SHIRT
Ten **T-shirt** jest za mały na mnie. Macie większe rozmiary?
This **T-shirt** is too small for me. Do you have bigger sizes?

#349 KOSZULA – SHIRT
Czy uważasz, że ta **koszula** dobrze wygląda na mnie?
Do you think that this **shirt** looks good on me?

#350 BLUZA – BLOUSE
Spójrz na tę **bluzę**. Czy nie jest słodka?
Look at this **blouse**! Isn't it cute?

#351 SWETER – SWEATER
Załóż **sweter**. Na zewnątrz jest zimno.
Put on a **sweater**. It's cold outside.

#352 BLUZA – SWEATSHIRT
Wczoraj kupiłam dwie **bluzy** w sklepie sportowym.
Yesterday I bought two **sweatshirts** in a sports shop.

#353 PODKOSZULEK – UNDERSHIRT
Chyba powinieneś założyć **podkoszulek**.
You should probably put on an **undershirt**.

#354 KURTKA / MARYNARKA / ŻAKIET – JACKET
Ta **kurtka** jest za duża. Macie mniejsze rozmiary?
This **jacket** is too big. Do you have smaller sizes?

#355 PŁASZCZ – COAT
Ten **płaszcz** wygląda świetnie. Kupię go.
This **coat** looks very cool. I'll buy it.
#356 KAMIZELKA – WAISTCOAT
Ile kosztuje ta **kamizelka**?
How much is this **waistcoat**?
#357 GARNITUR – SUIT
To jest formalne spotkanie. Powinieneś założyć **garnitur**.
It's a formal meeting. You should put on a **suit**.
#358 SPODNIE – TROUSERS
The **spodnie** są za drogie. Wezmę inne.
These **trousers** are too expensive. I'll take a different pair.
#359 DŻINSY / JEANSY – JEANS
Lubisz nosić **dżinsy**?
Do you like wearing **jeans**?
#360 SPÓDNICZKA – SKIRT
Ta **spódniczka** jest za długa.
This **skirt** is too long.
#361 SUKIENKA – DRESS
Co myślisz o tej **sukience**? Powinnam ją kupić?
What do you think about this **dress**? Should I buy it?
#362 MAJTKI – PANTS
Muszę kupić kilka par **majtek**.
I need to buy several pairs of **pants**.
#363 STANIK / BIUSTONOSZ – BRA
Lubisz nosić **stanik**?
Do you like wearing a **bra**?
#364 SKARPETKI – SOCKS
Skończyły mi się **skarpetki**.
I've run out of **socks**.
#365 RAJSTOPY – TIGHTS
Załóż **rajstopy**.
Put on **tights**.

#366 SZAL – SCARF
Spójrz na ten **szal**. Wygląda okropnie.
Look at this **scarf**. It looks terrible.

#367 RĘKAWICZKI – GLOVES
Zapomniałam zabrać **rękawiczek**!
I forgot to take the **gloves**.

#368 CZAPKA ZIMOWA – WINTER HAT
Załóż **czapkę zimową**. Na dworze jest mróz.
Put on a **winter hat**. It's freezing outside.

#369 KURTKA ZIMOWA – WINTER JACKET
Za tydzień jadę na narty. Muszę kupić **zimową kurtkę**.
I'm going skiing next week. I need to buy a **winter jacket**.

#370 SZORTY / KRÓTKIE SPODNIE – SHORTS
Musimy zabrać co najmniej trzy pary **krótkich spodni**.
We have to take at least three **pairs of shorts**.

#371 STRÓJ KĄPIELOWY – SWIMSUIT
Zabierz **strój kąpielowy**, ponieważ pójdziemy na basen.
Take your **swimsuit** because we are going to go swimming.

#372 KAPELUSZ PRZECIWSŁONECZNY – SUN HAT
Musicie zabrać **kapelusz przeciwsłoneczny** na plażę.
You have to take your **sun hat** to the beach.

#373 TRAMPKI / ADIDASY – GYM SHOES / SNEAKERS
Idę na siłownę. Podasz mi **adidasy**?
I'm going to the gym. Can you pass me my **gym shoes**?

#374 SANDAŁY – SANDALS
Spakowałam już dwie pary **sandałów**.
I've already packed two pairs of **sandals**.

#375 BUTY NA OBCASIE – HIGH HEELS
Nie umiem chodzić w **butach na obcasach**.
I can't walk in **high heels**.

#376 PÓŁBUTY – CASUAL SHOES
Półbuty będą najlepszą opcją na tę wycieczkę.
Casual shoes will be the best option for the trip.

#377 KAPCIE – SLIPPERS
W polskich domach goście powinni nosić **kapcie**.
In Polish houses, guests should wear **slippers**.

#378 KLAPKI / JAPONKI – FLIP-FLOPS
Zabrałeś **japonki**?
Did you take your **flip-flops**?

#379 BALERINKI / PŁASKIE BUTY – FLAT SHOES
Nie lubię butów na obcasach. Zamiast tego wolę **płaskie buty**.
I don't like high-heels. I prefer **flat shoes** instead.

#380 OKULARY – GLASSES
Widziałeś moje **okulary**? Nie mogę ich znaleźć.
Have you seen my **glasses**? I can't find them anywhere.

#381 OKULARY PRZECIWSŁONECZNE – SUNGLASSES
Powinieneś założyć **okulary przeciwsłoneczne**.
You should be wearing **sunglasses** now.

#382 TOREBKA – BAG
Czy mogłabyś przynieść mi moją **torebkę**? Jest w sypialni.
Could you bring me my **bag**? It's in the bedroom.

#383 TORBA NA ZAKUPY – SHOPPING BAG
Czy chciałaby Pani **torbę na zakupy**?
Would you like a **shopping bag**?

#384 CZAPKA Z DASZKIEM – CAP
Mój brat nosi **czapkę z daszkiem**.
My brother wears a **cap**.

#385 KAPELUSZ – HAT
Kapelusze będą bardzo modne tego lata.
Hats will be trendy this summer.

#386 PASEK – BELT
Te spodnie są za duże. Muszę założyć **pasek**.
These trousers are too big. I need a **belt**.

#387 ZEGAREK – WATCH
Mój znajomy z pracy kupił **zegarek** za 5000 zł!
My colleague bought a **watch** worth 5000 zł!

#388 KRAWAT - TIE
Czy ten **krawat** pasuje do tej koszuli?
Does this **tie** go well with that shirt?

#389 PORTFEL - WALLET
Nie zapomnij zabrać **portfela**. Po filmie idziemy na zakupy.
Don't forget to take your **wallet**. We're going shopping after the movie.

#390 PLECAK - BACKPACK
Włóż to do **plecaka**. Będziemy tego potrzebować.
Put this into your **backpack**. We'll need it.

#391 TORBA NA LAPTOPA - LAPTOP BAG
Wczoraj kupiłem laptopa, i potrzebuję **torby na laptopa**.
I bought a laptop yesterday, and now I need **a laptop bag**.

#392 KOLCZYKI - EARRINGS
Ile kosztują te perłowe **kolczyki**?
How much do these pearl **earrings** cost?

#393 NASZYNIK - NECKLACE
Ten **naszyjnik** wygląda pięknie!
This **necklace** looks beautiful!

#394 BRANSOLETKA - BRACELET
Z czego jest zrobiona ta **bransoletka**?
What is this **bracelet** made of?

#395 WISIOREK - PENDANT
Czy ten **wisiorek** jest na sprzedaż?
Is this **pendant** for sale?

#396 SKÓRZANY - LEATHER
Czy macie **skórzane** spodnie?
Do you sell **leather** trousers?

#397 DŻINSOWY - DENIM
Ile kosztuje ta **dżinsowa** kurtka?
How much is that **denim** jacket?

#398 WEŁNIANY - WOOLEN
Uwielbiam **wełniane** swetry.

I love **woolen** sweaters.

#399 BAWEŁNIANY – COTTON
Nie używam plastikowych torebek. Używam tylko **bawełnianych** toreb na zakupy.

I don't use plastic bags. I use **cotton** shopping bags only.

#400 PRZYMIERZALNIA – FITTING ROOM
Przeprasza, gdzie jest **przymierzalnia**?

Excuse me, where is the **fitting room**?

#401 PRZYMIERZAĆ COŚ – TO TRY SOMETHING ON
Czy mogę to **przymierzyć**?

Can I **try this on**?

#402 WIESZAK NA UBRANIA – CLOTHING RACK
Czy sprzedajecie **wieszaki na ubrania**?

Do you sell **clothing racks**?

#403 OKAZJA – BARGAIN
Tutaj mogę kupić dwie sztuki i zapłacić tylko za jedną! To czysta **okazja**!

Here I can buy two pieces and pay only for one! It's a pure **bargain**!

#404 KARTA PODARUNKOWA / KARTA UPOMINKOWA – GIFT CARD
Czy posiada Pani **kartę podarunkową**?

Do you have a **gift card**?

#405 REKLAMACJA – CONSUMER COMPLAINT
Dzień dobry. Chciałbym złożyć **reklamację**.

Good morning. I'd like to file a **consumer complaint**.

#406 ZWROT – RETURN
Ile czasu mam na **zwrot**?

How much time do I have for **return**?

#407 ZWROT PIENIĘDZY – REFUND
Czy mogę dostać **zwrot pieniędzy**?

Can I get a **refund**?

#408 ROZMIAR – SIZE

Jaki **rozmiar** Pan potrzebuje?
Which **size** do you need?

A short quiz: Provide the Polish equivalents of the following words

T-SHIRT
SHIRT
BLOUSE
SWEATER
SWEATSHIRT
UNDERSHIRT
JACKET
COAT
WAISTCOAT
SUIT
TROUSERS
JEANS
SKIRT
DRESS
PANTS
BRA
SOCKS
TIGHTS
SCARF
GLOVES
WINTER HAT
WINTER JACKET
SHORTS
SWIMSUIT
SUN HAT
GYM SHOES / SNEAKERS
SANDALS
HIGH HEELS
CASUAL SHOES

SLIPPERS
FLIP-FLOPS
FLAT SHOES
GLASSES
SUNGLASSES
BAG
SHOPPING BAG
CAP
HAT
BELT
WATCH
TIE
WALLET
BACKPACK
LAPTOP BAG
EARRINGS
NECKLACE
BRACELET
PENDANT
LEATHER
DENIM
WOOLEN
COTTON
FITTING ROOM
TO TRY SOMETHING ON
CLOTHING RACK
BARGAIN
GIFT CARD
CONSUMER COMPLAINT
RETURN
REFUND
SIZE

Chapter 7 – Food and Drink

#409 PIEKARNIA - BAKERY
Idę do **piekarni** kupić trochę pieczywa.
I'm going to the **bakery** to buy some bread.

#410 MIĘSO - MEAT
Nie jem **mięsa**. Jestem wegetarianinem.
I don't eat **meat**. I'm a vegetarian.

#411 PRODUKTY MLECZNE - DAIRY PRODUCTS
Moja znajoma z pracy nie je **produktów mlecznych**. Jest weganką.
My colleague doesn't eat **dairy products**. She's vegan.

#412 OWOCE - FRUITS
Uwielbiam jeść świeże **owoce**.
I love eating fresh **fruit**.

#413 WARZYWA - VEGETABLES
Powinniśmy jeść dużo **warzyw** aby być zdrowym.
We should eat a lot of **vegetables** to stay healthy.

#414 JAJKA - EGGS
Lubisz jeść **jajka**?
Do you like eating **eggs**?

#415 SŁODYCZE - SWEETS / CANDY
Unikam **słodyczy**. Chcę schudnąć.
I avoid **sweets**. I want to lose weight.

#416 NAPOJE – BEVERAGES
Czy macie jakieś zimne **napoje**?
Do you have any cold **beverages**?

#417 ALKOHOL – ALCOHOL
Ona nie może pić **alkoholu**, ponieważ ma 16 lat!
She can't drink **alcohol** because she's 16!

#418 KARMA DLA PSA – DOG FOOD
Nie mamy już **karmy dla psa**.
There's no **dog food** left!

#419 PRZYPRAWY – SPICES
Jakie są twoje ulubione **przyprawy**?
What are your favorite **spices**?

#420 MROŻONKI – FROZEN FOOD
Zimą jem **mrożonki**.
I eat **frozen food** in the winter.

#421 DANIA GOTOWE – CONVENIENCE FOOD / READY MEALS
Moja mama często kupuje **gotowe posiłki** ponieważ nie mamy czasu na gotowanie.
My mom often buys **ready meals** because we don't have much time for cooking.

#422 LODY – ICE CREAM
Uwielbiam **lody**!
I love **ice cream**!

#423 MLEKO – MILK
Mamy dużo butelek **mleka** w domu. Nasza rodzina lubi jeść płatki śniadaniowe.
We have many bottles of **milk** at home. Our family likes eating cereal.

#424 ŚMIETANA – CREAM
Potrzebuję **śmietany**, żeby zrobić to danie.
I need some **cream** to make this dish.

#425 SER ŻÓŁTY - CHEESE
Mógłbyś kupić **ser żółty**? Jutro zamierzam zrobić pizzę.
Could you buy some **cheese**? Tomorrow I'm going to make a pizza.

#426 JOGURT - YOGURT
Nie lubię jeść **jogurtu**.
I don't like eating **yogurt**.

#427 MASŁO - BUTTER
Czy mamy w domu **masło**?
Is there any **butter** left at home?

#428 CHLEB - BREAD
Idę kupić świeże **pieczywo**.
I'm going to buy some fresh **bread**.

#429 ZIEMNIAK - POTATO
Potrzebujemy **ziemniaki**, żeby zrobić frytki w domu.
We need **potatoes** to make French fries at home.

#430 POMIDOR - TOMATO
Kup kilka **pomidorów** w sklepie spożywczym.
Buy some **tomatoes** at the grocery store.

#431 OGÓREK - CUCUMBER
Moja koleżanka nie znosi smaku **ogórków**.
My friend can't stand the taste of **cucumber**.

#432 PAPRYKA CZERWONA - RED PEPPER
Potrzebujemy **papryki czerwonej** do tego przepisu.
We need some **red pepper** for this recipe.

#433 CEBULA - ONION
Lubisz **cebulę**?
Do you like **onion**?

#434 KAPUSTA - CABBAGE
Nie lubię **kapusty**.
I don't like **cabbage**.

#435 SAŁATA – LETTUCE
Chcesz kanapkę z **sałatą** i pomidorem?
Would you like a sandwich with **lettuce** and tomato?
#436 MARCHEWKA – CARROT
Mamy własne **marchewki** w naszym ogrodzie.
We have our **carrots** in our garden.
#437 BROKUŁ – BROCCOLI
Nie cierpię **brokułów**!
I can't stand **broccoli**!
#438 KALAFIOR – CAULIFLOWER
Co robisz? – Gotuję **kalafior**.
What are you doing? – I'm cooking some **cauliflower**.
#439 PIETRUSZKA – PARSLEY
Pokrój tę **pietruszkę**.
Chop up the **parsley**.
#440 BANAN – BANANA
Idę do sklepu kupić **banany**.
I'm going to the store to get some **bananas**.
#441 JABŁKO – APPLE
Potrzebujemy **jabłek**, żeby zrobić szarlotkę.
We need **apples** to make an apple pie.
#442 POMARAŃCZA – ORANGE
Pomarańcze nie rosną w naszym kraju.
Oranges don't grow in our country.
#443 GREJFRUT – GRAPEFRUIT
Nie lubię **grejpfrutów**. Są gorzkie.
I don't like **grapefruits**. They're bitter.
#444 CYTRYNA – LEMON
Chcesz **cytrynę** do herbaty?
Would you like some **lemon** in your tea?
#445 GRUSZKA – PEAR
Gruszki smakują bardzo dobrze!
Pears taste very good!

#446 BRZOSKWINIA – PEACH
Moja koleżanka uwielbia **brzoskwinie**.
My friend loves **peaches**.

#447 KOKOS – COCONUT
Kokosy rosną tylko w ciepłych krajach.
Coconuts grow only in tropical countries.

#448 ANANAS – PINEAPPLE
Bardzo lubię **ananasa** z puszki.
I really like canned **pineapple**.

#449 ŚLIWKA – PLUM
W Polsce **śliwki** są bardzo popularne.
In Poland, **plums** are very popular.

#450 KIEŁBASA – SAUSAGE
To jest najsmaczniejsza **kiełbasa** na świecie!
This is the tastiest **sausage** in the world!

#451 BEKON – BACON
Śniadanie bez **bekonu** to nie śniadanie.
Breakfast without **bacon** is not a breakfast.

#452 KURCZAK – CHICKEN
Chciałbym zamówić **kurczaka**.
I'd like to order some **chicken**.

#453 DRÓB – POULTRY
W Polsce **drób** jest popularny.
Poultry is popular in Poland.

#454 WOŁOWINA – BEEF
Nie jem **wołowiny**. Słyszałam że jest niezdrowa.
I don't eat **beef**. I've heard that it's unhealthy.

#455 WIEPRZOWINA – PORK
W niektórych krajach **wieprzowina** jest zabroniona.
In some countries, **pork** is forbidden.

#456 CZEKOLADA – CHOCOLATE
Jaki rodzaj **czekolady** lubisz najbardziej?
Which type of **chocolate** do you like the most?

#457 CIASTKA – COOKIES / BISCUITS
Mamy jakieś **ciastka** w domu?
Do we have any **cookies** at home?

#458 BATONIK – CHOCOLATE BAR
Umieram z głodu. Dziś w pracy zjadłam tylko **batonika**.
I'm starving. I've eaten only **a chocolate bar** at work.

#459 DESER – DESSERT
Czas na **deser**!
It's time for **dessert**!

#460 PŁATKI ŚNIADANIOWE – CEREAL
Uwielbiam jeść **płatki śniadaniowe**.
I love eating **cereal**.

#461 WODA MINERALNA – MINERAL WATER
Czy mogę prosić szklankę **wody mineralnej**?
Can I have a glass of **mineral water**, please?

#462 WODA GAZOWANA – SPARKLING WATER
Woda gazowana dla Pana.
Sparkling water for you, sir.

#463 COLA – COLA
Chciałbym zamówić dużą **colę**.
I'd like to order a large **cola**.

#464 NAPOJE GAZOWANE – FIZZY DRINKS
Unikam **gazowanych napojów**, ponieważ mają dużo kalorii.
I avoid **fizzy drinks** because they have so many calories.

#465 SOK – JUICE
Jaki **sok** chciałaby Pani zamówić?
Which **juice** would you like to order?

#466 KAWA – COFFEE
Biała czy czarna **kawa**?
White or black **coffee**?

#467 KAWA CZARNA – BLACK COFFEE
Chciałbym zamówić **czarną kawę**.
I'd like to order a **black coffee**.

#468 KAWA Z MLEKIEM – WHITE COFFEE
Chciałąbym zamówić **kawę z mlekiem**.
I'd like to order a **white coffee**.

#469 HERBATA – TEA
Chciałbym zamówić **herbatę**.
I'd like to order a cup of **tea**.

#470 GORĄCA CZEKOLADA – HOT CHOCOLATE
Gorąca czekolada dla mnie.
Hot chocolate for me.

#4701 PIWO – BEER
Zostało jakieś **piwo** w lodówce?
Is there any **beer** left in the fridge?

#472 WÓDKA – VODKA
Pijesz **wódkę**?
Do you drink **vodka**?

#473 CZERWONE WINO – RED WINE
Chciałabym zamówić dwa kieliszki **czerwonego wina**.
I'd like to order two glasses of **red wine**.

A short quiz: Provide the Polish equivalents of the following words

BAKERY
MEAT
DAIRY PRODUCTS
FRUITS
VEGETABLES
EGGS
SWEETS / CANDY
BEVERAGES
ALCOHOL
DOG FOOD
SPICES
FROZEN FOOD
CONVENIENCE FOOD / READY MEALS

ICE CREAM
MILK
CREAM
CHEESE
YOGURT
BUTTER
BREAD
POTATO
TOMATO
CUCUMBER
RED PEPPER
ONION
CABBAGE
LETTUCE
CARROT
BROCCOLI
CAULIFLOWER
PARSLEY
BANANA
APPLE
ORANGE
GRAPEFRUIT
LEMON
PEAR
PEACH
COCONUT
PINEAPPLE
PLUM
SAUSAGE
BACON
CHICKEN
POULTRY
BEEF
PORK

CHOCOLATE
COOKIES / BISCUITS
CHOCOLATE BAR
DESSERT
ICE CREAM
MINERAL WATER
SPARKLING WATER
COLA
FIZZY DRINKS
JUICE
COFFEE
BLACK COFFEE
WHITE COFFEE
TEA
HOT CHOCOLATE
BEER
VODKA
RED WINE

Chapter 8 – Body and Health

#474 GŁOWA - HEAD
Boli mnie **głowa**.
My **head** hurts.

#475 TWARZ - FACE
Ma piękną **twarz**. Mogłaby być modelką.
She has a beautiful **face**. She could be a model.

#476 WŁOSY - HAIR
Idę do fryzjera skrócić **włosy**.
I'm going to a hairdresser to have my **hair** shortened.

#477 USZY - EARS
Mój brat ma duże **uszy**.
My brother has big **ears**.

#478 OCZY - EYES
Jakiego koloru są twoje **oczy**?
What color are your **eyes**?

#479 NOS - NOSE
Mój kolega złamał **nos** wczoraj.
My friend broke his **nose** yesterday.

#480 USTA - MOUTH
Zamknij **usta**! Muszę się teraz skupić!
Shut your **mouth**! I need to focus right now.

#481 JĘZYK – TONGUE
Ona chce przekłuć sobie **język**.
She wants to have her **tongue** pierced.

#482 ZĘBY – TEETH (ZĄB – TOOTH)
Umyj **zęby**.
Brush your **teeth**.

#483 SZYJA – NECK
Powinieneś założyć szal na **szyję**.
You should put a scarf over your **neck**.

#484 GARDŁO – THROAT
Boli mnie **gardło**.
My **throat** hurts.

#485 KLATKA PIERSIOWA – CHEST
Odczuwam silny ból w **klatce piersiowej**.
I feel strong pain in my **chest**.

#486 PLECY – BACK
Ona stoi za twoimi **plecami**.
She's standing behind your **back**.

#487 DŁOŃ – HAND
Powinieneś częściej myć **dłonie**.
You should wash your **hands** more often.

#488 RĘKA – ARM
Złamałem **rękę**.
I've broken my **arm**.

#489 PALCE – FINGERS (PALEC – FINGER)
Podczas gry na gitarze, mogą cię boleć **palce**.
When you play the guitar, your **fingers** may hurt.

#490 BRZUCH – STOMACH
Boli mnie **brzuch**.
My **stomach** hurts.

#491 POŚLADKI – BOTTOM
Bolą mnie **pośladki**.
My **bottom** hurts.

#492 NOGI – LEGS (NOGA – LEG)
Złamałem **nogę**.
I've broken my **leg**.
#493 STOPY – FEET (STOPA – FOOT)
Spróbuj stanąć na jednej **nodze**.
Try to stand on one **foot**.
#494 PALCE U NÓG – TOES (PALEC U NOGI – TOE)
Ile **palców u nóg** ma człowiek?
How many **toes** does a human have?
#495 KOLANA – KNEES (KOLANO – KNEE)
Bolą mnie **kolana**.
My **knees** hurt.
#496 PIĘTY – HEELS (PIĘTA – HEEL)
Kupiłam ostatnio peeling do **pięt**.
Recently I've bought peeling for **heels**.
#497 SERCE – HEART
Nie masz **serca**.
You don't have a **heart**.
#498 PŁUCA – LUNGS (PŁUCO – LUNG)
Odczuwam silny ból w **płucach**, i nie mogę oddychać.
I feel strong pain in my **lungs**, and I can't breathe.
#499 WĄTROBA – LIVER
Ma Pan uszkodzoną **wątrobę**.
You have a damaged **liver**.
#500 MIĘŚNIE – MUSCLES (MIĘSIEŃ – MUSCLE)
Musisz trenować więcej, żeby **mięśnie** ci urosły.
You have to train more to grow your **muscles**.
#501 SZPITAL – HOSPITAL
Musimy zabrać go do **szpitala**.
We have to take him to the **hospital**.

#502 OŚRODEK ZDROWIA - HEALTH CENTER
Idę do **ośrodka zdrowia**. Mam wizytę u lekarza za godzinę.
I'm going to the **health center**. I'm having a doctor's appointment in an hour.

#503 POCZEKALNIA - WAITING ROOM
Przepraszam, gdzie jest **poczekalnia**?
Excuse me, where is the **waiting room**?

#504 IZBA PRZYJĘĆ - CASUALTY DEPARTMENT
Izba przyjęć jest na drugim piętrze.
The **Casualty department** is on the second floor.

#505 SZPITALNY ODDZIAŁ RATUNKOWY (SOR) - EMERGENCY DEPARTMENT
Przepraszam, gdzie jest **szpitalny oddział ratunkowy**?
Excuse me, where is the **emergency department**?

#506 KARETKA POGOTOWIA / AMBULANS - AMBULANCE
Zadzwoń po **ambulans**!
Call an **ambulance**!

#507 GABINET ZABIEGOWY - DOCTOR'S OFFICE / TREATMENT ROOM
Przepraszam, gdzie jest **gabinet zabiegowy**?
Excuse me, where is the **doctor's office**?

#508 DOKTOR / LEKARZ - DOCTOR
O której godzinie przyjdzie **lekarz**?
What time will the **doctor** come?

#509 OBJAWY - SYMPTOMS (OBJAW - SYMPTOM)
Jakie są **objawy**?
What are the **symptoms**?

#510 CHOROBA - DISEASE / ILLNESS
Czy ma pani jakieś **choroby** przewlekłe?
Do you have any long-term **diseases**?

#511 DOLEGLIWOŚĆ - CONDITION
Mam tą **dolegliwość** od kilku dni.
I've been in such **condition** for several days.
#512 SZCZEPIONKA - VACCINE
Musimy podać Panu **szczepionkę**.
We need to give you a **vaccine**.
#513 RECEPTA - A PRESCRIPTION
Proszę chwilkę poczekać. Podam Panu **receptę** za moment.
Please wait a minute. I'll give you a **prescription** in a moment.
#514 BADANIE KRWI - A BLOOD TEST
Będzie Pani musiała mieć **badanie krwi**.
You'll have to have **a blood test**.
#515 UBEZPIECZENIE ZDROWOTNE - HEALTH INSURANCE
Czy posiada Pan **ubezpieczenie zdrowotne**?
Do you have **health insurance**?
#516 UBEZPIECZONY / UBEZPIECZONA - INSURED
Czy jest Pani **ubezpieczona**?
Are you **insured**?
#517 ZWOLNIENIE LEKARSKIE - SICK NOTE
Potrzebuję **zwolnienia lekarskiego**.
I need **a sick note**.
#518 BÓL GŁOWY - HEADACHE
Mam **bóle głowy**.
I have **headaches**.
#519 BÓL BRZUCHA - STOMACHACHE
Mam **ból brzucha**.
I have a **stomachache**.
#520 BÓL ZĘBA - TOOTHACHE
Mam straszny **ból zęba** od kilku dni.
I've had a terrible **toothache** for a few days.

#521 BOLEĆ - TO HURT
Ząb mnie boli.
My tooth hurts.
#522 BÓL - ACHE / PAIN
Odczuwam silny ból tutaj.
I feel strong pain here.
#523 GORĄCZKA - FEVER / TEMPERATURE
Masz gorączkę.
You have a fever.
#524 KASZEL - COUGH
Mam kaszel.
I have a cough.
#525 KATAR - RUNNY NOSE
Mam katar.
I have a runny nose.
#526 BÓL GARDŁA - SORE THROAT
Mam ból gardła.
I have a sore throat.
#527 PRZEZIĘBIENIE - COLD
Mam przeziębienie.
I have a cold.
#528 GRYPA - FLU / INFLUENZA
Mam grypę.
I have the flu.
#529 ZŁAMANA RĘKA - BROKEN ARM
Mam złamaną rękę.
I have a broken arm.
#530 ZŁAMANA NOGA - BROKEN LEG
Mam złamaną nogę.
I have a broken leg.
#531 SKRĘCONA KOSTKA - TWISTED ANKLE
Mam skręconą kostkę.
I have a twisted ankle.

#532 SPUCHNIĘTA KOSTKA - SWOLLEN ANKLE
Mam spuchniętą kostkę.
I have a swollen ankle.

#533 WYMIOTOWAĆ - VOMIT
Wymiotuję od trzech dni.
I've been vomiting for three days.

#534 WYSYPKA - RASH
Mam wysypkę.
I have a rash.

#535 CUKRZYCA - DIABETES
Mam cukrzycę.
I have diabetes.

#536 UCZULONY NA - ALLERGIC TO
Jestem uczulony na gluten.
I am allergic to gluten.

#537 CIŚNIENIE KRWI - BLOOD PRESSURE
Mam wysokie ciśnienie krwi.
I have high blood pressure.

#538 ATRUCIE POKARMOWE - FOOD POISONING
Mam zatrucie pokarmowe.
I have food poisoning.

#539 TABLETKI NA BÓL GŁOWY - HEADACHE TABLETS
Musisz brać tabletki na ból głowy.
You need to take headache tablets.

#540 TABLETKI NASENNE - SLEEPING PILLS
Musi Pani brać tabletki nasenne.
You need to take sleeping pills.

#541 SYROP NA KASZEL - COUGH SYRUP
Musi Pan pić syrop na kaszel dwa razy dziennie.
You need to drink cough syrup twice a day.

#542 KROPLE DO OCZU – EYE DROPS

Muszę kupić **krople do oczu**.
I need to buy **eye drops**.

#543 KROPLE DO NOSA – NOSE DROPS / NASAL DROPS

Kup **krople do nosa** w aptece.
Buy **nasal drops** in the drugstore.

#544 LEKI ANTYDEPRESYJNE – ANTIDEPRESSANTS

Musi Pan brać **leki antydepresyjne**.
You need to take **antidepressants**.

#545 ANTYBIOTYKI – ANTIBIOTICS

Muszę przepisać **antybiotyk**.
I have to prescribe **antibiotics**.

#546 LEKI USPOKAJAJĄCE – TRANQUILIZERS

Musi pan brać **leki uspokajające**.
You need to take **tranquilizers**.

A short quiz: Provide the Polish equivalents of the following words

HEAD
FACE
HAIR
EARS
EYES
NOSE
MOUTH
TONGUE
TEETH \ TOOTH
NECK
THROAT
CHEST
BACK
HAND
ARM
FINGERS \ FINGER

STOMACH
BOTTOM
LEGS
FEET
TOES
KNEES
HEELS
HEART
LUNGS
LIVER
MUSCLES
HOSPITAL
HEALTH CENTER
WAITING ROOM
CASUALTY DEPARTMENT
EMERGENCY DEPARTMENT
AMBULANCE
DOCTOR'S OFFICE / TREATMENT ROOM
DOCTOR
SYMPTOMS
DISEASE / ILLNESS
CONDITION
VACCINE
PRESCRIPTION
A BLOOD TEST
HEALTH INSURANCE
INSURED
SICK NOTE
HEADACHE
STOMACHACHE
TOOTHACHE
TO HURT
ACHE / PAIN
FEVER / TEMPERATURE

COUGH
RUNNY NOSE
SORE THROAT
COLD
THE FLU / INFLUENZA
BROKEN ARM
BROKEN LEG
TWISTED ANKLE
SWOLLEN ANKLE
VOMIT
RASH
DIABETES
ALLERGIC TO
BLOOD PRESSURE
FOOD POISONING
HEADACHE TABLETS
SLEEPING PILLS
COUGH SYRUP
EYE DROPS
NOSE DROPS / NASAL DROPS
ANTIDEPRESSANTS
ANTIBIOTICS
TRANQUILIZERS

Chapter 9 – Traveling and Holidays

#547 LOTNISKO - AIRPORT
Pospiesz się! Musimy jechać na **lotnisko**.
Hurry up! We have to go to the **airport**.

#548 SAMOLOT - PLANE
Zamierzam dostać się tam **samolotem**.
I'm going to get there by **plane**.

#549 LOT - FLIGHT
O której godzinie jest nasz **lot**?
What time is our **flight**?

#550 BAGAŻ - LUGGAGE
Dzień dobry, zgubiłam **bagaż**.
Hello, I've lost my **luggage**.

#551 BAGAŻ REJESTROWANY - HOLD BAGGAGE
Do samolotu nie możesz zabrać **bagażu rejestrowanego**.
You can't take **hold baggage** to the plane with you.

#552 BAGAŻ PODRĘCZNY - HAND BAGGAGE
Możesz zabrać tylko jedną walizkę jako **bagaż podręczny**.
You can take only one suitcase as **hand baggage**.

#553 PARKING - CAR PARK/PARKING
Przepraszam, gdzie jest **parking**?
Excuse me, where is a **car park**?

#554 STREFA WOLNOCŁOWA – DUTY-FREE ZONE
Kupimy wodę w **strefie wolnocłowej**.
We will buy some water in the **duty-free zone**.

#555 TOALETA – TOILET
Muszę iść do **toalety**.
I have to go to the **toilet**.

#556 ODPRAWA – CHECK-IN
Proszę iść na **odprawę**.
Go to the **check-in,** please.

#557 STRAŻNIK / OCHRONIARZ – SECURITY GUARD
Szukam **ochroniarza**.
I'm looking for a **security guard**.

#558 BILET – TICKET
Chciałabym kupić **bilet**.
I'd like to buy a **ticket**.

#559 PASZPORT – PASSPORT
Czy mogę zobaczyć Pana **paszport**?
May I see your **passport**?

#560 KONTROLA PASZPORTOWA – PASSPORT CONTROL
Proszę iść do **kontroli paszportowej**.
Go to the **passport control**, please.

#561 DOWÓD OSOBISTY – IDENTITY CARD / ID CARD
Czy mogę zobaczyć Pani **dowód osobisty**?
May I see your **ID card**?

#562 LĄDOWANIE – LANDING
Spodziewamy się **lądowania** za 30 minut.
We expect **landing** in 30 minutes.

#563 OPÓŹNIONY – DELAYED
Samolot do Barcelony jest **opóźniony**.
The plane to Barcelona is **delayed**.

#564 ODLOTY - DEPARTURES

Wszystkie **odloty** do Londynu zostały odwołane z powodu złej pogody.

All **departures** to London have been canceled due to bad weather.

#565 PRZYLOTY - ARRIVALS

Wszystkie **przyloty** zostały opóźnione.

All **arrivals** have been delayed.

#566 HALA ODLOTÓW - DEPARTURE LOUNGE

Przepraszam, gdzie jest **hala odlotów**?

Excuse me, where is the **departure lounge**?

#567 PAS BEZPIECZEŃSTWA - SEAT BELT

Prosimy o zapięcie **pasów bezpieczeństwa**.

Please, fasten your **seat belts**.

#568 DWORZEC KOLEJOWY - TRAIN STATION / RAILWAY STATION

Przepraszam, jak dotrę na **dworzec kolejowy**?

Excuse me, how can I get to **the train station**?

#569 DWORZEC AUTOBUSOWY - BUS STATION / COACH STATION

Dworzec autobusowy jest obok dworca kolejowego.

The bus station is next to the train station.

#570 KASA BILETOWA - TICKET OFFICE

Gdzie jest **kasa biletowa**?

Where is the **ticket office**?

#571 POCIĄG - TRAIN

O której godzinie odjeżdża **pociąg** do Warszawy?

What time does the **train** to Warsaw leave?

#572 AUTOBUS - BUS

Autobus do Poznania odjeżdża o 9:00.

The **bus** to Poznan leaves at 9:00 AM.

#573 BILET NA POCIĄG / BILET KOLEJOWY - RAILWAY TICKET

Dzień dobry, chciałbym kupić bilet na pociąg.
Hello, I'd like to buy a railway ticket.

#574 BILET NA AUTOBUS / BILET AUTOBUSOWY - BUS TICKET

Dzień dobry, chciałabym kupić bilet na autobus.
Hello, I'd like to buy a bus ticket.

#575 PERON - PLATFORM

Gdzie jest peron 3?
Where is platform 3?

#576 KIEROWCA AUTOBUSU - BUS DRIVER

Muszę porozmawiać z kierowcą autobusu.
I need to talk to the bus driver.

#577 PRZEDZIAŁ - COMPARTMENT

Gdzie jest przedział 89?
Where is compartment number 89?

#578 MIEJSCE - SEAT

To jest moje miejsce.
This is my seat.

#579 WALIZKA - SUITCASE

Gdzie mogę położyć moją walizkę?
Where can I place my suitcase?

#580 PLECAK - BACKPACK

Możesz zabrać plecak ze sobą do autobusu, ale walizkę musisz zostawić tutaj.
You can take the backpack to the bus with you, but you have to leave your suitcase here.

#581 TOREBKA - PURSE

Czy mogę zabrać tę torebkę do samolotu?
Can I take this purse to the plane?

#582 OPÓŹNIONY - DELAYED
Pociąg do Krakowa jest **opóźniony**.
The train to Cracow is **delayed**.

#583 PRZYSTANEK AUTOBUSOWY - BUS STOP
Przepraszam, gdzie jest najbliższy **przystanek autobusowy**?
Excuse me, where is the nearest **bus stop**?

#584 ROZKŁAD JAZDY - TRAIN SCHEDULE / BUS SCHEDULE
Musimy zobaczyć **rozkład jazdy**.
We need to see the **train schedule**.

#585 BILET NORMALNY - FULL PRICE TICKET
Poproszę **bilet normalny** do Poznania.
Full price ticket to Poznan, please.

#586 BILET ULGOWY - REDUCED FARE TICKET
Poproszę **bilet ulgowy** do Gdańska.
Reduced fare ticket to Gdansk, please.

#587 BILET STUDENCKI - STUDENT TICKET
Poproszę cztery **bilety studenckie** do Wrocławia.
Four **student tickets** to Wroclaw, please.

#588 ZNAK DROGOWY - ROAD SIGN
Widzisz tamten **znak drogowy**? Nie możesz jechać tak szybko tutaj!
Can you see that **road sign**? You can't drive that fast here!

#589 ŚCIEŻKA ROWEROWA - BIKE PATH
Musimy użyć **ścieżki rowerowej**.
We need to use the **bike path**.

#590 PRZEJŚCIE DLA PIESZYCH - PEDESTRIAN CROSSING
Musimy znaleźć **przejście dla pieszych**.
We need to find a **pedestrian crossing**.

#591 SKRZYŻOWANIE - INTERSECTION / JUNCTION
Na **skrzyżowaniu** skręć w prawo.
Turn right on the **intersection**.

#592 RONDO - ROUNDABOUT / TRAFFIC CIRCLE
Na **rondzie**, użyj pierwszego zjazdu.
At the **roundabout**, take the first exit.

#593 MOST - BRIDGE
Nie wolno jechać przez ten **most**!
You mustn't drive across this **bridge**!

#594 BILET PARKINGOWY - PARKING TICKET
Musimy kupić **bilet parkingowy**.
We need to buy **a parking ticket**.

#595 PAS AWARYJNY - EMERGENCY LANE
Zatrzymaj samochód na **pasie awaryjnym**.
Stop the car on the **emergency lane**.

#596 MOP (MIEJSCE OBSŁUGI PODRÓŻNYCH) - MOTORWAY SERVICE
Przepraszam, gdzie jest najbliższy **MOP**?
Excuse me, where is the nearest **motorway service**?

#597 SEJF - SAFE DEPOSIT BOX / SAFE
Włóż pieniądze do **sejfu**.
Put the money inside the **safe deposit box**.

#598 TUNEL - TUNNEL
Musimy przejechać przez **tunel**.
We have to drive through the **tunnel**.

#599 LIMIT PRĘDKOŚCI - SPEED LIMIT
Limit prędkości wynosi tutaj 60 kilometrów na godzinę.
The speed limit is 60 kilometers per hour here.

#600 KOREK - TRAFFIC JAM
Musimy wybrać alternatywną trasę. Za dwa kilometry zaczyna się wielki **korek**.
We need to choose an alternative way. There is a huge **traffic jam** in two kilometers.

#601 WYPADEK SAMOCHODOWY - CAR ACCIDENT
Dwa lata temu miałem **wypadek samochodowy**.
I had **a car accident** two years ago.

#602 FOTORADAR - STREET CAMERA
Uważaj. Tam jest **fotoradar**!
Watch out. There is a **street camera** over there.
#603 PALIWO - FUEL
Skończyło nam się **paliwo**.
We've run out of **fuel**.
#604 ROPA / ON - PETROLEUM
Potzebujemy **ropy**.
We need **petroleum**.
#605 DYSTRYBUTOR PALIWA - GAS PUMP
Podjedź pod **dystrybutor paliwa**.
Drive to the **gas pump**.
#606 MYJNIA SAMOCHODOWA - CAR WASH
Możesz pojechać na **myjnię samochodową**? Nasz samochód jest bardzo brudny.
Can you drive to the **car wash**? Our car is very dirty.
#607 ULICA - STREET
Mieszkam przy głównej **ulicy**.
I live on the main **street**.
#608 DROGA - ROAD
Czy ta **droga** prowadzi do centrum?
Does this **road** lead to the city center?
#609 SYGNALIZACJA ŚWIETLNA (ŚWIATŁA) - TRAFFIC LIGHTS
Na **światłach** skręć w prawo.
Turn right at the **traffic lights**.
#610 PASAŻER - PASSENGER
Nie możemy zabrać kolejnego **pasażera**. Nasz samochód jest już pełen.
We can't take another **passenger**. Our car is full already.
#611 KIEROWCA - DRIVER
Gdzie jest **kierowca**?
Where is the **driver**?

#612 SAMOCHÓD - CAR
Ten **samochód** nie działa.
This **car** doesn't work.
#613 SAMOCHÓD CIĘŻAROWY - LORRY / TRUCK
Ciężarówki są zabronione na autostradzie w niedziele.
Trucks are not allowed on highways on Sundays.
#614 MOTOCYKL - MOTORBIKE
Chciałbym mieć **motocykl**.
I wish I had a **motorbike**.
#615 SAMOCHÓD ELEKTRYCZNY - ELECTRIC CAR
Zamierzasz kupić **elektryczny samochód** w przyszłości?
Are you planning to buy **an electric car** in the future?
#616 KIEROWNICA - STEERING WHEEL
Kierownica jest zepsuta.
The **steering wheel** is broken.
#617 SIEDZENIA - SEATS
Zajmijcie **siedzenia**.
Take your **seats**.
#618 PASY BEZPIECZEŃSTWA - SEAT BELTS
Musicie zapiąć **pasy bezpieczeństwa**.
You need to wear **seat belts**.
#619 HAMULEC - BRAKE
Wciśnij **hamulec**!
Hit the **brake**!
#620 OPONA - TIRE
Ile mamy **opon** w garażu?
How many **tires** do we have left in the garage?
#621 KOŁO ZAPASOWE - SPARE WHEEL
Mamy **koło zapasowe** w samochodzie?
Do we have a **spare wheel** in our car?
#622 BAGAŻNIK - BOOT / TRUNK
Czy mógłbyś otworzyć **bagażnik**?
Could you open the **trunk**?

#623 GAŚNICA - FIRE EXTINGUISHER

Nie mamy **gaśnicy** w samochodzie.

We don't have a **fire extinguisher** in our car.

#624 TRÓJKĄT OSTRZEGAWCZY - WARNING TRIANGLE

Wyjmij **trójkąt ostrzegawczy** z bagażnika.

Take the **warning triangle** out of the trunk.

#625 LINKA HOLOWNICZA - TOWROPE

Dzień dobry, chciałbym kupić **linkę holowniczą**.

Hello, I'd like to buy a **towrope**.

#626 APTECZKA SAMOCHODOWA - CAR EMERGENCY KIT

Mamy **apteczkę** w samochodzie?

Do we have a **car emergency kit**?

#627 PRAWO JAZDY - DRIVING LICENSE

Czy mogę zobaczyć Pana **prawo jazdy**?

May I see your **driving license**?

#628 DÓWÓD REJESTRACYJNY - REGISTRATION DOCUMENT

Muszę zobaczyć **dowód rejestracyjny**.

I need to see a **registration document**.

#629 UBEZPIECZENIE OC - LIABLITY INSURANCE

Czy ma Pan **ubezpieczenie samochodu**?

Do you have **liability insurance**?

#630 WYPOŻYCZAĆ SAMOCHÓD - TO RENT A CAR

Dzień dobry, chciałbym **wypożyczyć samochód**.

Hello, I'd like **to rent a car**.

#631 WYPOŻYCZALNIA SAMOCHODÓW - CAR RENTAL

Przepraszam, gdzie jest najbliższa **wypożyczalnia samochodów**?

Excuse me, where is the nearest **car rental**?

#632 HOTEL – HOTEL
Szukamy **hotelu** w centrum miasta.
We're looking for a **hotel** in the city center.

#633 HOSTEL / SCHRONISKO – YOUTH HOSTEL
Spędzimy noc w **schronisku**.
We'll spend the night in **a youth hostel**.

#634 PENSJONAT – GUEST HOUSE
Czy spanie w **pensjonacie** to dobry pomysł?
Is sleeping in a **guest house** a good idea?

#635 KURORT / OŚRODEK WYPOCZYNKOWY – RESORT
Zamierzamy wynająć pokój w **kurorcie**.
We're going to book a room in a **resort**.

#636 OBOZOWISKO / POLE KEMPINGOWE – CAMPSITE
Przepraszam, jak daleko jest do **pola kempingowego**?
Excuse me, how far to the **campsite**?

#637 MOTEL – MOTEL
Jestem już zmęczony. Zatrzymajmy się na noc w **motelu**.
I'm tired. Let's stay the night in a **motel**.

#638 HOTEL PIĘCIOGWIAZDKOWY – FIVE-STAR HOTEL
Zawsze chciałem spędzić noc w **hotelu pięciogwiazdkowym**.
I've always wanted to spend the night in a **five-star hotel**.

#639 MIESZKANIE PRYWATNE – PRIVATE FLAT
Szukamy **mieszkania prywatnego** na Airbnb.
We're looking for a **private flat** on Airbnb.

#640 APARTAMENT – SUITE
Dzień dobry, chcielibyśmy zarezerwować cały **apartament**.
Hello, we'd like to book the whole **suite**.

#641 NAMIOT – TENT
Będziemy spać w **namiocie**.
We're going to sleep in a **tent**.

#642 RECEPCJA – RECEPTION
Ręczniki są w **recepcji**.
The towels are in the **reception**.

#643 HOL – LOBBY
Internet jest w **lobby**.
The Internet is in the **lobby** area.

#644 RESTAURACJA HOTELOWA – HOTEL RESTAURANT
Przepraszam, gdzie jest **restauracja hotelowa**?
Excuse me, where is the **hotel restaurant**?

#645 BAR HOTELOWY – HOTEL BAR
Idę do **baru hotelowego**. Chcesz piwo?
I'm going to a **hotel bar**. Do you want a beer?

#646 POKÓJ – ROOM
Gdzie jest nasz **pokój**?
Where is our **room**?

#647 KLUCZ – KEY
To jest państwa **klucz**. Miłego pobytu.
This is your **key**. Enjoy your stay.

#648 POKÓJ JEDNOOSOBOWY – SINGLE ROOM
Chciałbym zarezerwować jeden **pokój jednoosobowy**.
I'd like to book one **single room**.

#649 POKÓJ DWUOSOBOWY – DOUBLE ROOM
Chcielibyśmy zarezerwować trzy **pokoje dwuosobowe**.
We'd like to book three **double rooms**.

#650 OBSŁUGA HOTELOWA – ROOM SERVICE
O której godzinie przychodzi **obsługa hotelowa**?
What time does the **room service** staff come?

#651 PIĘTRO / POZIOM – FLOOR
Państwa pokój jest na drugim **piętrze**.
Your room is on the second **floor**.

#652 WINDA - ELEVATOR
Skorzystajmy z **windy**.
Let's use the **elevator**.

#653 SCHODY - STAIRS
Chodźmy **schodami**.
Let's take the **stairs**.

#654 REZERWOWAĆ - TO BOOK / TO MAKE A RESERVATION
Dzień dobry, chciałbym **zarezerwować** pokój.
Hello, I'd like **to book** a room.

#655 ZAMELDOWANIE - CHECK IN
O której godzinie jest **zameldowanie**?
What time is the **check in**?

#656 WYMELDOWANIE - CHECK OUT
O której godzinie jest **wymeldowanie**?
What time is the **check out**?

#657 ŚNIADANIE - BREAKFAST
Co zamierzasz zamówić na **śniadanie**?
What are you going to order for **breakfast**?

#658 LUNCH - LUNCH
Chodźmy na **lunch** do restauracji.
Let's go to a restaurant for **lunch**.

#659 OBIADOKOLACJA - DINNER
Gdzie zjemy **obiad**?
Where are we going to have **dinner**?

#660 PRZEKĄSKI - SNACKS
Kupmy jakieś **przekąski** na imprezę.
Let's buy some **snacks** for the party.

#661 KLIMATYZACJA - AIR CONDITIONING
Czy w pokoju jest **klimatyzacja**?
Is **air conditioning** in the room?

#662 OGRZEWANIE – HEATING
Czy pokój ma **ogrzewanie**?
Does the room have **heating**?

#663 ŁÓŻKO – BED
Ile jest **łóżek** w tym pokoju?
How many **beds** are there in the room?

#664 ŁÓŻKO JEDNOOSOBOWE – TWIN BED
Chcielibyśmy dwa **łóżka jednoosobowe**.
We'd like two **twin beds**.

#665 ŁÓŻKO DWUOSOBOWE – QUEEN BED
Chcielibyśmy **łóżko dwuosobowe**.
We'd like a **queen bed**.

#666 ŁÓŻKO PIĘTROWE – BUNK BED
Czy **łóżko piętrowe** jest dostępne?
Is a **bunk bed** available?

#667 GARDEROBA / SZAFA NA UBRANIA – A WARDROBE / A CLOSET
W pokoju jest duża **garderoba**.
There is a huge **closet** in the room.

#668 STOLIK NOCNY – BEDSIDE TABLE
Połóż okulary na **stoliku nocnym**.
Put your glasses on the **bedside table**.

#669 TELEWIZOR – TV
Czy w pokoju jest **telewizor**?
Is there a **TV** in the room?

#670 DARMOWE WI-FI – FREE WI-FI
Czy w hotelu jest **darmowe Wi-Fi**?
Is there **free Wi-Fi** in the hotel?

#671 HASŁO DO WI-FI – WI-FI PASSWORD
Jakie jest **hasło do Wi-Fi**?
What is the **Wi-Fi password**?

#672 OKNO – WINDOW
Ile jest **okien**?
How many **windows** are there?
#673 ŁAZIENKA – BATHROOM
W pokoju jest łazienka.
There is a **bathroom** in the room.
#674 PRYSZNIC – SHOWER
W pokoju jest tylko **prysznic**.
There is a **shower** only in your room.
A short quiz: Provide the Polish equivalents of the following words
AIRPORT
PLANE
FLIGHT
LUGGAGE
HOLD BAGGAGE
HAND BAGGAGE
CAR PARK / PARKING
DUTY-FREE ZONE
TOILET
CHECK IN
SECURITY GUARD
TICKET
PASSPORT
PASSPORT CONTROL
IDENTITY CARD / ID CARD
LANDING
DELAYED
DEPARTURES
ARRIVALS
DEPARTURE LOUNGE
SEAT BELT
TRAIN STATION / RAILWAY STATION
BUS STATION / COACH STATION

TICKET OFFICE
TRAIN
BUS
RAILWAY TICKET
BUS TICKET
PLATFORM
BUS DRIVER
COMPARTMENT
SEAT
SUITCASE
BACKPACK
PURSE
DELAYED
BUS STOP
TRAIN SCHEDULE / BUS SCHEDULE
FULL PRICE TICKET
REDUCED FARE TICKET
STUDENT TICKET
ROAD SIGN
BIKE PATH
PEDESTRIAN CROSSING
INTERSECTION / JUNCTION
ROUNDABOUT/ TRAFFIC CIRCLE
BRIDGE
PARKING TICKET
EMERGENCY LANE
MOTORWAY SERVICE AREA
TUNNEL
SPEED LIMIT
TRAFFIC JAM
CAR ACCIDENT
STREET CAMERA
FUEL
PETROLEUM

CAR WASH
STREET
ROAD
TRAFFIC LIGHTS
PASSENGER
DRIVER
CAR
LORRY / TRUCK
MOTORBIKE
ELECTRIC CAR
STEERING WHEEL
SEATS
SEAT BELTS
BRAKE
TIRE
SPARE WHEEL
BOOT / TRUNK
FIRE EXTINGUISHER
WARNING TRIANGLE
TOWROPE
CAR EMERGENCY KIT
DRIVING LICENCE
REGISTRATION DOCUMENT
LIABILITY INSURANCE
TO RENT A CAR
CAR RENTAL
HOTEL
YOUTH HOSTEL
GUEST HOUSE
RESORT
CAMPSITE
MOTEL
FIVE-STAR HOTEL
PRIVATE FLAT

SUITE
TENT
RECEPTION
LOBBY
HOTEL RESTAURANT
HOTEL BAR
ROOM
KEY
SINGLE ROOM
DOUBLE ROOM
ROOM SERVICE
FLOOR
ELEVATOR
STAIRS
TO BOOK / TO MAKE A RESERVATION
CHECK IN
CHECK OUT
BREAKFAST
LUNCH
DINNER
SNACKS
AIR CONDITIONING
HEATING
BED
TWIN BED
QUEEN BED
BUNK BED
WARDROBE / CLOSET
BEDSIDE TABLE
TV
FREE WI-FI
WI-FI PASSWORD
WINDOW
BATHROOM

SHOWER
SAFE DEPOSIT BOX / SAFE

Chapter 10 – Education

#675 EDUKACJA – EDUCATION
Edukacja jest ważna.
Education is important.

#676 JĘZYK POLSKI – POLISH
Ile godzin **języka polskiego** mamy w tygodniu?
How many hours of **Polish** do we have in a week?

#677 MATEMATYKA – MATHEMATICS / MATHS
Dzisiaj mamy dwie lekcje **matematyki**.
Today we have two **math** lessons.

#678 JĘZYK OBCY – FOREIGN LANGUAGE
Mamy zajęcia z **języka obcego** w przyszłym tygodniu?
Do we have any **foreign language** classes next week?

#679 JĘZYK ANGIELSKI – ENGLISH
Lubię **język angielski**.
I like **English**.

#680 JĘZYK NIEMIECKI – GERMAN
Nie lubię **języka niemieckiego**.
I don't like **German**.

#681 JĘZYK HISZPAŃSKI – SPANISH
Znasz **język hiszpański**?
Do you know **Spanish**?

#682 GEOGRAFIA – GEOGRAPHY
Mamy dzisiaj zajęcia z **geografii**?
Do we have **geography** classes today?

#683 HISTORIA – HISTORY
Zajęcia z **historii** są dziś odwołane.
History classes are canceled today.

#684 BIOLOGIA – BIOLOGY
Nienawidzę zajęć z **biologii**!
I hate **biology** classes!

#685 CHEMIA – CHEMISTRY
Nie mamy dzisiaj zajęć z **chemii**.
We don't have **chemistry** classes today.

#686 FIZYKA – PHYSICS
Masz zadanie domowe na zajęcia z **fizyki**?
Do you have homework for **physics** classes?

#687 RELIGIA – RELIGION
Nie chodzę na zajęcia z **religii**.
I don't attend **religion** classes.

#688 WYCHOWANIE FIZYCZNE (WF) – PHYSICAL EDUCATION (PE)
Mamy dzisiaj **WF**?
Do we have **PE** today?

#689 MUZYKA – MUSIC CLASS
Uwielbiam zajęcia z **muzyki**.
I love **music class**.

#690 PLASTYKA – ART CLASS
Mam zajęcia z **plastyki** dwa razy w tygodniu.
I have an **art class** twice a week.

#691 INFORMATYKA – IT CLASS
Masz zajęcia z **informatyki** codziennie?
Do you have an **IT class** every day?

#692 ZAJĘCIA DODATKOWE - EXTRACURRICULAR ACTIVITIES
Chodzę na **zajęcia dodatkowe** w środy i czwartki.
I attend **extracurricular activities** on Wednesdays and Thursdays.

#693 KÓŁKO ZAINTERESOWAŃ - SPECIAL INTEREST GROUP
Jestem członkiem **kółka zainteresowań**.
I'm a member of a **special interest group**.

#694 ZAJĘCIA WYRÓWNAWCZE - REMEDIAL CLASS
Muszę chodzić **na zajęcia wyrównawcze** w poniedziałki o 7:00.
I have to attend a **remedial class** on Mondays at 7:00 AM.

#695 GIMNASTYKA KOREKCYJNA - REMEDIAL EXERCISES
Będę musiał chodzić na **gimnastykę korekcyjną** w nowym semestrze.
I'll have to attend **remedial exercises** class in the new semester.

#696 ZAJĘCIA WIECZOROWE - NIGHT CLASS
Masz jakieś **zajęcia wieczorowe**?
Do you have any **night classes**?

#697 NAUCZYCIEL - TEACHER
Nasz **nauczyciel** jest miły.
Our **teacher** is nice.

#698 UCZEŃ - STUDENT
Ilu **uczniów** jest w twojej klasie?
How many **students** are there in your classroom?

#699 DYREKTOR SZKOŁY - SCHOOL PRINCIPAL
Nie ma dzisiaj **dyrektora szkoły**. Przyjdź jutro.
The **school principal** is absent today. Come here tomorrow.

#700 SALA LEKCYJNA - CLASSROOM
Przepraszam, gdzie jest **sala lekcyjna** 308?
Excuse me, where is **classroom** 308?

#701 LEKCJA - LESSON
O której zaczyna się pierwsza **lekcja**?
What time does the first **lesson** start?

#702 ZAJĘCIA - CLASS
Ile **zajęć** mamy dzisiaj?
How many **classes** do we have today?

#703 STOŁÓWKA - CAFETERIA / CANTEEN
Stołówka jest obok sali gimnastycznej.
The **canteen** is next to the school gym.

#704 SZATNIA - CHANGING ROOM
Gdzie jest **szatnia**? Muszę zostawić kurtkę.
Where is the **changing room**? I need to leave my jacket there.

#705 SALA GIMNASTYCZNA - SCHOOL GYM
Mamy dzisiaj zajęcia na **sali gimnastycznej**?
Do we have any classes at the **school gym** today?

#706 BOISKO SZKOLNE - SCHOOL PLAYGROUND
Chodźmy na **boisko szkole**!
Let's go to the **school playground**!

#707 SEKRETARIAT SZKOLNY - SCHOOL'S SECRETARY OFFICE
Przepraszam, gdzie jest **sekretariat szkolny**?
Excuse me, where is the **school's secretary office**?

#708 BIBLIOTEKA SZKOLNA - SCHOOL LIBRARY
Chodź ze mną do **biblioteki szkolnej**.
Go with me to the **school library**.

#709 CZYTELNIA - A READING ROOM
Muszę iść do **czytelni**. Nie mogę się tutaj skupić na nauce.
I have to go to the **reading room**. I can't focus on studying here.

#710 SALA KOMPUTEROWA - IT SUITE
Teraz mamy zajęcia w **sali komputerowej**.
We're having classes in the **IT suite** right now.

#711 GABINET DYREKTORA - HEAD TEACHER'S OFFICE
Przepraszam, gdzie jest **gabinet dyrektora**?
Excuse me, where is the **head teacher's office**?

#712 WOŹNY - CARETAKER
Widziałeś **woźnego**?
Have you seen the **caretaker**?

#713 DZWONEK SZKOLNY - SCHOOL BELL
Nienawidzę dźwięku **dzwonka szkolnego**.
I hate the sound of the **school bell**.

#714 PRZERWA - BREAK
Potrzebuję **przerwy**. Jetsem zmęczony.
I need a **break**. I'm tired.

#715 PRZERWA ŚNIADANIOWA - LUNCH BREAK
O której godzinie zaczyna się **przerwa śniadaniowa**?
What time does the **lunch break** start?

#716 AUTOBUS SZKOLNY - SCHOOL BUS
O której godzinie odjeżdża **autobus szkolny**?
What time does the **school bus** leave?

#717 WYCIECZKA SZKOLNA - SCHOOL TRIP
Bierzesz udział w **wycieczce szkolnej**?
Are you taking part in the **school trip**?

#718 SPRAWDZIAN / TEST - TEST
Kiedy mamy **test**?
When do we have the **test**?

#719 OCENA - GRADE
Czy mogłaby mi Pani powiedzieć jaką **ocenę** dostałem?
Could you tell me what **grade** did I get?

#720 KARTKÓWKA ZE SŁÓWEK - VOCABULARY QUIZ
Za tydzień napiszecie **kartkówkę ze słówek**.
You'll write a **vocabulary quiz** next week.

#721 EGZAMIN PAŃSTWOWY – STATE EXAM

Uczysz się już na **egzamin państwowy**?
Do you learn for the **state exam**?

#722 UCZYĆ SIĘ NA PAMIĘĆ – TO LEARN BY HEART

Musisz **nauczyć się tego na pamięć**.
You have to **learn it by heart**.

#723 WKUWAĆ – CRAM

Wkuwałem całą noc.
I've been cramming all night.

#724 ZALICZYĆ / ZDAĆ TEST – TO PASS A TEST

Zdałem test!
I passed the test!

#725 OBLAĆ TEST / NIE ZALICZYĆ TESTU – TO FAIL A TEST

Oblałam test. Muszę go powtórzyć.
I **failed** the test. I need to retake it.

#726 PISAĆ EGZAMIN – TO TAKE A TEST

Nie zapomnij, że we wtorek **piszemy egzamin**.
Don't forget that **we're taking a test** on Tuesday.

#727 POPRAWIAĆ TEST – TO RETAKE A TEST

Muszę **poprawić ten test**.
I need **to retake this test**.

#728 EGZAMIN POPRAWKOWY / POPRAWKA – RETAKE

Kiedy odbędzie się **egzamin poprawkowy**?
When will the **retake** take place?

#729 DZIENNIK LEKCYJNY – REGISTER

Muszę uzupełnić **dziennik**. Poczekajcie moment.
I have to fill in the **register**. Wait a moment.

#730 PREZENTACJA – PRESENTATION

Jutro mam **prezentację**. Stresuję się.
I have a **presentation** tomorrow. I'm stressed.

#731 EGZAMIN USTNY - ORAL EXAM
Kiedy odbędzie się **egzamin ustny**?
When will **the oral exam** take place?

#732 EGZAMIN PISEMNY - WRITTEN EXAM
Będziecie mieli **egzamin pisemny** na koniec roku szkolnego.
You'll have a **written exam** at the end of the school year.

#733 ZADANIE DOMOWE - HOMEWORK
Zadanie 2,3, i 4 jest **zadaniem domowym**.
Exercise 2, 3, and 4 is your **homework**.

#734 PROJEKT - PROJECT
Weźmy udział w tym **projekcie**.
Let's take part in this **project**.

#735 ROZMOWA - CONVERSATION
Będziemy mieli krótką **rozmowę** na temat zmian klimatu w piątek.
We'll have a short **conversation** about climate change on Friday.

#736 DYSKUSJA - DISCUSSION
W środę będzie **dyskusja** o prawach człowieka.
There's going to be a **discussion** on human rights on Wednesday.

#737 PODRĘCZNIK SZKOLNY - STUDENT BOOK
Zapomniałem **podręcznika szkolnego**! Mogę pożyczyć twój?
I forgot my **student book**! Can I borrow yours?

#738 ZESZYT ĆWICZEŃ - WORKBOOK
Pożyczę ci mój **zeszyt ćwiczeń**.
I'll lend you my **workbook**.

#739 SŁOWNIK - DICTIONARY
Przynieście **słowniki** na następną lekcję.
Bring **dictionaries** for the next lesson.

#740 DŁUGOPIS - PEN
Mogę pożyczyć twój **długopis**?
Can I borrow your **pen**?

#741 PIÓRNIK - PENCIL CASE
Masz piórnik?
Do you have a pencil case?
#742 PLECAK - SCHOOLBAG
Zostawiłem plecak w stołówce.
I left my schoolbag in the canteen.
#743 ŁAWKA - DESK
Czy ta ławka jest wolna?
Is that desk free?
#744 TABLICA - BLACKBOARD
Nie lubię pisać po tablicy.
I don't like writing on the blackboard.
#745 TABLICA INTERAKTYWNA - INTERACTIVE BOARD
Nasza szkoła ma pięć tablic interaktywnych.
Our school has five interactive boards.
#746 MARKER DO TABLICY - WHITEBOARD MARKER
Czy możesz podać mi marker do tablicy?
Can you pass me a whiteboard marker?
#747 KOSZ NA ŚMIECI -A BIN
Wyrzuć to do kosza.
Throw it into the bin.
#748 UNIWERSYTET - UNIVERSITY / COLLEGE
Studiuję na uniwerystecie.
I study at a university.
#749 STOPIEŃ NAUKOWY - DEGREE
Otrzymałam stopień naukowy w zeszłym roku.
I got a degree last year.
#750 STUDENT - STUDENT
Jestem studentem.
I'm a student.

#751 WYKŁADOWCA – LECTURER
Wykładowca jeszcze nie przyszedł.
The lecturer hasn't come yet.

#752 WYKŁAD – LECTURE
O której zaczyna się wykład?
What time does the lecture start?

#753 SALA WYKŁADOWA – LECTURE ROOM
Przepraszam, gdzie jest sala wykładowa 56?
Excuse me, where is lecture room 56?

#754 AULA – LECTURE HALL
Szukam auli.
I'm looking for a lecture hall.

#755 LICENCJAT – BACHELOR'S DEGREE
W tym roku zamierzam dostać licencjat.
I'm going to get a bachelor's degree this year.

#756 MAGISTER – MASTER'S DEGREE
Otrzymałam tytuł magistra.
I got a master's degree.

#757 DYPLOM / ŚWIADECTWO – DIPLOMA
Czy mógłbyś pokazać mi dyplom?
Could you show me your diploma?

#758 PRAKTYKANT – TRAINEE
Jestem praktykantem.
I'm a trainee.

#759 NOTATKI – NOTES
Mogę pożyczyć twoje notatki?
Can I borrow your notes?

#760 ROBIĆ NOTATKI – TO TAKE NOTES
Rób notatki.
Take notes.

#761 WYGŁASZAĆ MOWĘ – TO GIVE A SPEECH
W przyszłym tygodniu wygłaszam mowę.
I'm giving a speech next week.

#762 PRZYGOTOWYWAĆ PREZENTACJĘ - TO PREPARE A PRESENTATION
Przygotowuję prezentację o zwierzętach.
I'm preparing a presentation about animals.

#763 SESJA EGZAMINACYJNA - EXAM SESSION
Kiedy rozpoczyna się sesja egzaminacyjna?
When does the exam session start?

#764 ABSOLWENT - GRADUATE
Jestem absolwentem.
I'm a graduate.

#765 ABSOLUTORIUM - GRADUATION CEREMONY
Może pójdziemy na lunch po absolutorium?
Why don't we have lunch after the graduation ceremony?

#766 WŁADZE SZKOŁY - SCHOOL AUTHORITIES
Władze szkoły odwołały wycieczkę.
The school authorities have canceled the trip.

#767 REKRUTACJA - RECRUITMENT
Kiedy rozpoczyna się rekrutacja?
When des the recruitment start?

#768 EGZAMINY WSTĘPNE - ENTRANCE EXAMS
Zdałeś egzaminy wstępne?
Did you pass the entrance exams?

#769 WYMIANA STUDENCKA - STUDENT EXCHANGE PROGRAM
Chciałbym wziąć udział w wymianie studenckiej.
I'd like to take part in the student exchange program.

#770 INDEKS - STUDENT BOOK
Czy mogę zobaczyć twój indeks?
May I see your student book?

#771 LEGTYMACJA STUDENCKA - STUDENT ID CARD
Oto Pana legitymacja studencka.
Here's your student ID card.

#772 KREDYT STUDENCKI - STUDENT LOAN

Chciałbym wziąć **kredyt studencki**.
I'd like to take a **student loan**.

A short quiz: Provide the Polish equivalents of the following words
EDUCATION
POLISH
MATHEMATICS / MATHS
FOREIGN LANGUAGE
ENGLISH
GERMAN
SPANISH
GEOGRAPHY
HISTORY
BIOLOGY
CHEMISTRY
PHYSICS
RELIGION
PHYSICAL EDUCATION (PE)
MUSIC CLASS
ART CLASS
IT CLASS
EXTRACURRICULAR ACTIVITIES
SPECIAL INTEREST GROUP
REMEDIAL CLASS
REMEDIAL EXERCISES
NIGHT CLASS
TEACHER
STUDENT
SCHOOL PRINCIPAL
CLASSROOM
LESSON
CLASS
CAFETERIA / CANTEEN

CHANGING ROOM
SCHOOL GYM
SCHOOL PLAYGROUND
SCHOOL'S SECRETARY OFFICE
SCHOOL LIBRARY
READING ROOM
IT SUITE
HEAD TEACHER'S OFFICE
CARETAKER
SCHOOL BELL
BREAK
LUNCH BREAK
SCHOOL BUS
SCHOOL TRIP
TEST
GRADE
VOCABULARY QUIZ
STATE EXAM
TO LEARN BY HEART
CRAM
TO PASS A TEST
TO FAIL A TEST
TO TAKE A TEST
TO RETAKE A TEST
RETAKE
REGISTER
PRESENTATION
ORAL EXAM
WRITTEN EXAM
HOMEWORK
PROJECT
CONVERSATION
DISCUSSION
STUDENT BOOK

WORKBOOK
BOOK
SET BOOK
DICTIONARY
PEN
PENCIL CASE
SCHOOLBAG
DESK
BLACKBOARD
INTERACTIVE BOARD
WHITEBOARD MARKER
BIN
UNIVERSITY / COLLEGE
DEGREE
STUDENT
LECTURER
LECTURE
LECTURE ROOM
LECTURE HALL
BACHELOR'S DEGREE
MASTER'S DEGREE
PRACTICALS
TRAINEE
STUDENT TEACHER
NOTES
TO TAKE NOTES
TO GIVE A SPEECH
TO PREPARE A PRESENTATION
EXAM
EXAM SESSION
GRADUATE
GRADUATION CEREMONY
SCHOOL AUTHORITIES
RECRUITMENT

ENTRANCE EXAMS
STUDENT EXCHANGE PROGRAM
STUDENT BOOK
STUDENT ID CARD
STUDENT LOAN

Chapter 11 – At Work

#773 ZAWÓD - PROFESSION
Jaki jest twój **zawód**?
What is your **profession**?

#774 MIEJSCE PRACY - WORKPLACE
Zostawiłem mój laptop w **miejscu pracy**.
I left my laptop at my **workplace**.

#775 BIURO - OFFICE
Przyjdziesz do mojego **biura** o godzinie 17:00? Musimy porozmawiać.
Will you come to my **office** at 5 PM? We need to talk.

#776 PRACA - JOB
Moja **praca** wymaga odpowiedzialności.
My **job** requires responsibility.

#777 FABRYKA - FACTORY
Pracuję w **fabryce** samochodów.
I work in a car **factory**.

#778 FIRMA - COMPANY
Moja siostra pracuje dla dużej **firmy** w Warszawie.
My sister works for a big **company** in Warsaw.

#779 SIEDZIBA FIRMY - HEADQUARTERS
Główna **siedziba firmy** znajduje się w Polsce.
The main **headquarters** is located in Poland.

#780 KORPORACJA - CORPORATION
Pracuję w **korporacji**.
I work for a **corporation**.

#781 PRACOWNIK - EMPLOYEE
Zostałem **pracownikiem** miesiąca!
I've become an **employee** of the month!

#782 PRACODAWCA - EMPLOYER
Mój **pracodawca** zawsze daje wypłatę na czas.
My **employer** always gives the salary on time.

#783 SZEF / SZEFOWA - BOSS
Lubisz swojego **szefa**?
Do you like your **boss**?

#784 KOLEDZY Z PRACY - COLLEAGUES / COWORKERS
Jutro wychodzę do restauracji z moimi **kolegami z pracy**.
I'm going to a restaurant with my **coworkers** tomorrow.

#785 PRACA ZDALNA - REMOTE WORKING
Wolę **pracę zdalną**. Praca zdalna daje ci wolność wyboru.
I prefer **remote working**. Remote working gives you freedom of choice.

#786 PRACOWAĆ - TO WORK
Pracuję osiem godzin dziennie.
I work eight hours a week.

#787 WYPŁATA - SALARY
Moja **wypłata** jest ok.
My **salary** is fine.

#788 ZAROBKI - EARNINGS / WAGES
Średnie **zarobki** w Polsce wynoszą 4000 złotych.
The average **wage** in Poland equals 4000 zloty.

#789 PODATEK - TAX
Ile **podatków** ma twoje państwo?
How many **taxes** does your country have?

#790 AWANS - PROMOTION
Dostałam **awans**!
I got a **promotion**!

#791 DOSTAĆ AWANS - TO GET A PROMOTION
Pracuję ciężko, żeby **dostać awans** w przyszłym roku.
I'm working hard **to get a promotion** next year.

#792 DOSTAĆ PRACĘ - TO GET A JOB
Dostałem pracę w restauracji!
I got a job in a restaurant!

#793 ZOSTAĆ ZWOLNIONYM - TO BE \ GET DISMISSED
Mój kolega z pracy **został** wczoraj **zwolniony**.
My coworker **got dismissed** yesterday.

#794 ZOSTAĆ WYRZUCONYM Z PRACY - TO BE FIRED
Moja mama **została wyrzucona z pracy**.
My mom **has been fired**.

#795 PODWYŻKA - PAY RISE
Dostałem **podwyżkę**!
I've got **a pay rise**!

#796 DOSTAĆ PODWYŻKĘ - TO GET A PAY RISE
Pracuję ciężko, żeby **dostać podwyżkę** w przyszłym miesiącu.
I'm working hard **to get a pay rise** next month.

#797 PRACA NA CAŁY ETAT - FULL-TIME JOB
Pracuję **na cały etat.**
I work **a full-time job.**

#798 PRACA NA PÓŁ ETATU - PART-TIME JOB
Moja koleżanka pracuje **na pół etatu.**
My friend works **a part-time job.**

#799 PRACA DODATKOWA - SIDE JOB
To jest moja **praca dodatkowa.**
It's my **side job.**

#800 PRACA ZMIANOWA – SHIFT JOB
Mam **pracę zmianową**.
I work **a shift job**.

#801 NOCNA ZMIANA / NOCKA – NIGHT SHIFT
Dziś mam **nocną zmianę**.
I have **a night shift** today.

#802 ROZMOWA O PRACĘ – JOB INTERVIEW
Mam **rozmowę o pracę** w poniedziałek rano.
I have **a job interview** on Monday morning.

#803 UMOWA O PRACĘ – JOB AGREEMENT
Oto **umowa o pracę**. Podpisz ją.
Here's the **job agreement**. Sign it, please.

#804 ŻYCIORYS (CV) – CURRICULUM VITAE (CV)
Prosimy o dołączenie **życiorysu**.
Please, attach your **Curriculum Vitae**.

#805 PODANIE O PRACĘ – JOB APPLICATION FORM
Wyślij nam **podanie o pracę** na adres...
Send us a **job application form** to...

#806 STANOWISKO – POSITION
Na jakie **stanowisko** aplikowałeś?
What **position** did you apply for?

#807 KWALIFIKACJE – QUALIFICATIONS
Ma Pan świetne **kwalifikacje**.
You have great **qualifications**.

#808 WYMAGANIA – REQUIREMENTS
Jakie są **wymagania**?
What are the **requirements**?

#809 UMIEJĘTNOŚCI – SKILLS
Jakie **umiejętności** Pani posiada?
What **skills** do you have?

#810 WYKSZTAŁCENIE – EDUCATION
Jakie jest Pana **wykształcenie**?
What's your **education**?

#811 DOŚWIADCZENIE ZAWODOWE - JOB EXPERIENCE

Czy ma Pani jakieś **doświadczenie zawodowe** na takim stanowisku?

Do you have any **job experience** in such a position?

#812 DZIAŁ KADR - HUMAN RESOURCES DEPARTMENT

Przepraszam, gdzie jest **dział kadr**?

Excuse me, where is the **human resources department**?

#813 DZIAŁ OBSŁUGI KLIENTA - CUSTOMER SERVICE DEPARTMENT

Prosimy o kontakt z **działem obsługi klienta**.

Please, contact our **customer service department**.

#814 DZIAŁ WSPARCIA TECHNICZNEGO - HELP DESK

Prosimy o kontakt z **działem wsparcia technicznego**.

Please contact our **help desk**.

#815 WYJAZD SŁUŻBOWY - BUSINESS TRIP

Mam **wyjazd służbowy** w przyszłym miesiącu.

I'm going on **a business trip** next month.

#816 SPOTKANIE - MEETING

Spóźnię się na **spotkanie**.

I'll be late for the **meeting**.

A short quiz: Provide the Polish equivalents of the following words

PROFESSION
WORKPLACE
OFFICE
JOB
FACTORY
COMPANY
HEADQUARTERS
CORPORATION
EMPLOYEE

EMPLOYER
BOSS
COLLEAGUES / COWORKERS
REMOTE WORKING
WORK
SALARY
EARNINGS / WAGES
TAX
PROMOTION
TO GET A PROMOTION
TO GET A JOB
TO BE DISMISSED
TO BE FIRED
PAY RISE
TO GET A PAY RISE
FULL-TIME JOB
PART-TIME JOB
SIDE JOB
SHIFT JOB
NIGHT SHIFT
JOB INTERVIEW
JOB AGREEMENT
CURRICULUM VITAE (CV)
JOB APPLICATION FORM
POSITION
QUALIFICATIONS
REQUIREMENTS
SKILLS
EDUCATION
JOB EXPERIENCE
PERSONNEL DEPARTMENT / HR
CUSTOMER SERVICE DEPARTMENT
HELP DESK
BUSINESS TRIP

MEETING

Chapter 12 – In A Restaurant

#817 MENU – MENU
Czy mogę prosić o **menu**?
Can I get **a menu**, please?

#818 KOLACJA – SUPPER
Chodźmy na **kolację** do restauracji.
Let's go for **supper** to a restaurant.

#819 PRZYSTAWKI – STARTERS / APPETIZERS
Jaką **przystawkę** Pani poleca?
What **starter** do you recommend?

#820 DANIE GŁÓWNE – MAIN COURSE / MAIN DISH
Jakie **danie główne** Pan poleca najbardziej?
Which **main dish** do you recommend the most?

#821 ZIMNE NAPOJE – COLD DRINKS
Wolałbym coś z **zimnych napojów**?
I'd prefer something with **cold drinks**.

#822 GORĄCE NAPOJE – HOT DRINKS
Jakie **gorące napoje** serwujecie?
What **hot drinks** do you serve?

#823 KELNER – WAITER
Czy mogę porozmawiać z **kelnerem**?
Can I talk to a **waiter**, please?

#824 KELNERKA – WAITRESS
Pracuję jako **kelnerka** w restauracji.
I work as a **waitress** in a restaurant.

#825 SZEF KUCHNI – CHEF
Mój brat pracuje jako **szef kuchni** w restauracji.
My brother works as a **chef** in a restaurant.

#826 RACHUNEK – BILL
Czy mogę prosić o **rachunek**?
Can I have the **bill**, please?

#827 REZERWACJA – RESERVATION
Chciałabym złożyć **rezerwację** dla czterech osób.
I'd like to make a **reservation** for four people, please.

#828 DANIE DNIA – TODAY'S SPECIAL / DISH OF THE DAY
Jakie jest **danie dnia**?
What is **today's special**?

#829 ZAREZERWOWAĆ STOLIK – TO BOOK A TABLE
Chciałbym **zarezerwować stolik** dla pary.
I'd like **to book a table** for a couple.

#830 ZAPŁACIĆ GOTÓWKĄ – TO PAY WITH CASH
Chciałbym **zapłacić gotówką**.
I'd like **to pay with cash**.

#831 ZAPŁACIĆ KARTĄ – TO PAY WITH A CREDIT CARD
Czy mogę **zapłacić kartą**?
Can I **pay with my credit card**?

#832 ZŁOŻYĆ ZAMÓWIENIE – TO PLACE THE ORDER
Czy mogę **złożyć zamówienie**?
Can I **place an order**?

A short quiz: Provide the Polish equivalents of the following words

MENU
SUPPER

STARTERS / APPETIZERS
MAIN COURSE / MAIN DISH
COLD DRINKS
HOT DRINKS
WAITER
WAITRESS
CHEF
BILL
RESERVATION
TODAY'S SPECIAL / DISH OF THE DAY
TO BOOK A TABLE
TO PAY WITH CASH
TO PAY WITH A CREDIT CARD
TO PLACE THE ORDER

Chapter 13 – At Home

#833 SALON / POKÓJ DZIENNY – LIVING ROOM
W **salonie** jest telewizor.
There is a TV in the **living room**.

#834 KUCHNIA – KITCHEN
Musimy kupić nowe szafki do **kuchni**.
We need to buy new cupboards for the **kitchen**.

#835 ŁAZIENKA – BATHROOM
Idź do **łazienki**.
Go to the **bathroom**.

#836 SYPIALNIA – BEDROOM
W **sypialni** jest biblioteczka.
There is a bookcase in the **bedroom**.

#837 STRYCH – ATTIC
Wszystkie graty mamy na **strychu**.
We have all the clutter in the **attic**.

#838 GARAŻ – GARAGE
Garaż jest pusty. Mój mąż wziął samochód i pojechał do pracy.
The **garage** is empty. My husband took the car and drove to work.

#839 DACH – ROOF
Macie panele słoneczne na **dachu**?
Do you have solar panels on the **roof**?

#840 ŁAZIENKA DLA GOŚCI - GUEST BATHROOM
Łazienka dla gości jest na górze.
The **guest bathroom** is upstairs.

#841 OGRÓD - GARDEN
Uwielbiam spędzać czas w naszym **ogrodzie**.
I love spending time in our **garden**.

#842 JADALNIA - DINING ROOM
Chodźmy do **jadalni**. Przygotowałem posiłek.
Let's go to the **dining room**. I've prepared a meal.

#843 PRALKA - WASHING MACHINE
Czy możesz włożyć te ciuchy do **pralki**?
Can you put these clothes inside the **washing machine**?

#844 ZMYWARKA - DISHWASHER
Nie myję naczyń rękami. Mamy **zmywarkę** w domu.
I don't wash the dishes with my hands. We have a **dishwasher** at home.

#845 MIKROFALÓWKA - MICROWAVE
Używasz **mikrofalówki**?
Do you use a **microwave**?

#846 PIEKARNIK - OVEN
Włóż ciasto do **piekarnika**.
Put the cake in the **oven**.

#847 ZLEW - SINK
W **zlewie** są brudne talerze. Włóż je do zmywarki, proszę.
There are **dirty** plates in the sink. Can you put these in the dishwasher, please?

#848 SUSZARKA - HAIRDRYER
Gdzie jest **suszarka**? Muszę wysuszyć włosy.
Where is the **hairdryer**? I need to dry my hair.

#849 TELEWIZOR - TV
Mógłbyś włączyć **telewizor**?
Could you turn on the **TV**?

#850 ŻELAZKO – IRON
Musimy kupić nowe żelazko.
We need to buy a new **iron**.
#851 ODKURZACZ – VACUUM CLEANER
Odkurzacz jest na strychu.
The **vacuum cleaner** is in the attic.
#852 MOP – MOP
Potrzebujemy nowego **mopa**, ponieważ stary mop się zepsuł.
We need a new **mop** because the old one broke down.
#853 MIKSER / BLENDER – BLENDER
Często robisz potrawy używając **blendera**?
Do you often make dishes using a **blender**?
#854 LODÓWKA – FRIDGE
Możesz to włożyć do **lodówki**?
Can you put this in the **fridge**?
#855 ZAMRAŻARKA – FREEZER
Mięso jest w **zamrażarce**.
The meat is in the **freezer**.
#856 ŁADOWARKA DO TELEFONU – PHONE CHARGER
Zostawiłem **ładowarkę do telefonu** w biurze! Mogę skorzystać z twojej?
I left my **phone charger** in the office! Can I use yours?
#857 GARNEK – POT
Włóż wszystko do **garnka** i zagotuj.
Put everything in a **pot** and bring to a boil.
#858 PATELNIA – FRYING PAN
Włóż wszystko na **patelnię**.
Put everything in the **frying pan**.
#859 TALERZ – PLATE
Ile **talerzy** potrzebujemy na przyjęcie?
How many **plates** do we need for the party?

#860 SZKLANKA – GLASS
Poproszę **szklankę** wody.
I'd like a **glass** of water.

#861 WIDELEC – FORK
Czy możesz podać mi **widelec**?
Can you pass me the **fork**?

#862 NÓŻ – KNIFE
Mamy za mało **noży** w kuchni.
We don't have enough **knives** in the kitchen.

#863 ŁYŻKA – SPOON
Spróbuj zjeść to **łyżką**.
Try eating it with a **spoon**.

#864 ŁYŻECZKA – TEASPOON
Dodaj **łyżeczkę** proszku do pieczenia.
Add a **teaspoon** of baking powder.

#865 LADA KUCHENNA – KITCHEN COUNTER
Ta lata kuchenna wygląda okropnie.
This kitchen counter looks terrible.

#866 KRAN – TAP
Musimy wezwać hydraulika. Woda ciągle kapie z **kranu**.
We need to call a plumber. Water is still dripping from the **tap**.

#867 EKSPRES DO KAWY – COFFEE MACHINE
Ekspres do kawy jest zepsuty.
The **coffee machine** is out of order.

#868 SZAFKA KUCHENNA – CUPBOARD
Mąka jest w **szafce kuchennej**.
Flour is in the **cupboard**.

#869 MISKA – BOWL
Czy mogę dostać **miskę** ryżu?
Can I have a **bowl** of rice?

#870 KUBEK – MUG
Dostałam **kubek** od mojego kolegi.
I've got a **mug** from my friend.

#871 FILIŻANKA – TEACUP / COFFEE CUP
Poproszę **filiżankę** kawy.
I'd like a **cup** of coffee.

#872 SPRZĄTAĆ – TO CLEAN
Muszę **posprzątać** pokój.
I need to **clean** my room.

#873 GOTOWAĆ – TO COOK
W przyszłym tygodniu chcę **ugotować** zupę.
I want to **cook** soup next week.

#874 PRASOWAĆ – TO IRON
Czy mógłbyś **wyprasować** tamtą koszulę?
Could you **iron** that shirt?

#875 ODKURZAĆ – TO VACUUM
Odkurz dywan.
Vacuum the carpet.

#876 MYĆ NACZYNIA – TO WASH THE DISHES
Musimy szybko **umyć te naczynia**. Za godzinę przyjdą goście!
We need to quickly **wash these dishes**. The guests are coming in an hour!

#877 OGLĄDAĆ TELEWIZJĘ – TO WATCH TV
Nie **oglądam telewizji** często.
I don't **watch TV** often.

#878 PŁACIĆ CZYNSZ – TO PAY THE RENT
Nie mamy już pieniędzy, a musimy **zapłacić czynsz**.
We don't have any money left, but we need to **pay the rent**.

#879 MYĆ OKNA – TO CLEAN WINDOWS
W przyszłym tygodniu zamierzam **umyć okna**.
I'm going to **clean the windows** next week.

#880 ODGRACAĆ – TO DECLUTTER
Musimy **odgracić** mieszkanie.
We need to **declutter** the apartment.

#881 PRAĆ UBRANIA - TO WASH THE CLOTHES
Piorę ubrania dwa razy w tygodniu.
I wash clothes twice a week.

#882 PODLEWAĆ ROŚLINY - TO WATER THE PLANTS
Czy mógłbyś **podlać rośliny** kiedy mnie nie będzie w domu?
Could you **water the plants** when I'm not home?

#883 KOSIĆ TRAWNIK - TO MOW THE LAWN
Andy **kosi teraz trawnik**.
Andy **is mowing the lawn** right now.

#884 MYĆ SAMOCHÓD - TO WASH THE CAR
Umyj samochód jak będziesz w mieście.
When you're in town, **wash the car**, please.

#885 NAPRAWIAĆ - TO FIX
Naprawimy to, obiecuję.
We'll fix this, I promise.

A short quiz: Provide the Polish equivalents of the following words

LIVING ROOM
KITCHEN
BATHROOM
BEDROOM
ATTIC
GARAGE
ROOF
GUEST BATHROOM
GARDEN
DINING ROOM
WASHING MACHINE
DISHWASHER
MICROWAVE
OVEN
SINK
HAIRDRYER

TV
IRON
VACUUM CLEANER
MOP
BLENDER
FRIDGE
FREEZER
PHONE CHARGER
POT
FRYING PAN
PLATE
GLASS
FORK
KNIFE
SPOON
TEASPOON
KITCHEN COUNTER
TAP
COFFEE MACHINE
CUPBOARD
BOWL
MUG
TEACUP / COFFEE CUP
TO CLEAN
TO COOK
TO IRON
TO VACUUM
TO WASH THE DISHES
TO WATCH TV
TO PAY THE RENT
TO CLEAN WINDOWS
TO DECLUTTER
TO WASH THE CLOTHES
TO WATER THE PLANTS

TO MOW THE LAWN
TO WASH THE CAR
TO FIX

Chapter 14 – Doing the Shopping

#886 SKLEP - SHOP
Przepraszam, czy jest tu **sklep** w pobliżu?
Excuse me, is there a **shop** near here?
#887 SKLEP SPOŻYWCZY - GROCERY STORE
Szukam **sklepu spożywczego**.
I'm looking for **a grocery store**.
#888 SKLEP ODZIEŻOWY - CLOTHING SHOP
W pobliżu jest **sklep odzieżowy**. Chodźmy tam.
There is **a clothing shop** near here. Let's go there.
#889 SKEP OBUWNICZY - SHOE SHOP
Idę do **sklepu obuwniczego**.
I'm going to **a shoe shop**.
#890 PIEKARNIA - BAKERY / BAKER'S
Zamierzam iść do **piekarni** i kupić pieczywo.
I'm going to go to a **bakery** and buy some bread.
#891 KSIĘGARNIA - BOOKSHOP
Przepraszam, czy jest w pobliżu **księgarnia**?
Excuse me, is there a **bookshop** near here?

#892 STACJA BENZYNOWA - PETROL STATION / GAS STATION

Przepraszam, jak daleko jest do najbliższej **stacji benzynowej**?
Excuse me, how far is it to the nearest **petrol station**?

#893 APTEKA - PHARMACY \ DRUGSTORE

Muszę iść do **apteki**, żeby kupić ten lek.
I need to go to the **drugstore** to buy this medicine.

#894 KIOSK - PAPER SHOP / NEWSAGENT'S

Bilety na pociąg można kupić w **kiosku**.
You can buy train tickets in a **newsagent's**.

#895 SUPERMARKET - SUPERMARKET

Chodźmy do **supermarketu**.
Let's go to the **supermarket**.

#896 SKLEP SAMOOBSŁUGOWY - SELF-SERVICE SHOP

To jest **sklep samoobsługowy**. Tutaj płaci się tylko kartą.
It's a **self-service shop**. You can buy only with a credit card here.

#897 SKLEP SPORTOWY - SPORTS SHOP

Muszę iść **do sklepu sportowego** i kupić nową deskorolkę.
I need to go to a **sports shop** and buy a new skateboard.

#898 SKLEP Z UPOMINKAMI - GIFT SHOP

Chodźmy do **sklepu z upominkami**. Muszę kupić coś na urodziny Ewy.
Let's go to a **gift shop**. I need to buy something for Eva's birthday party.

#899 TERMINAL PŁATNICZY - PAYMENT TERMINAL

Terminal płatniczy jest tam.
The **payment terminal** is over there.

#900 PARAGON - RECEIPT

Czy potrzebuje Pan **paragon**?
Do you need a **receipt**?

#901 WÓZEK - SHOPPING CART / SHOPPING BASKET

Weźmy **wózek**. Musimy kupić dużo rzeczy.
Let's take **a shopping cart**. We have to buy a lot of stuff.

#902 PRODUKT – PRODUCT

Czy ten **produkt** nadaje się do dzieci?
Is this **product** intended for children as well?

#903 KASA – CHECKOUT

Przepraszam, gdzie jest **kasa**? Zgubiłem się.
Excuse me, where is the **checkout**? I got lost.

#904 WYPRZEDAŻ – SALE

Czy ten produkt jest **na wyprzedaży**?
Is this product **on sale**?

#905 PROMOCJA – SPECIAL OFFER

Dzisiaj mamy **specjalną promocję** na ten produkt.
Today we have a **special offer** for this product.

#906 KARTA PODARUNKOWA – GIFT CARD

Czy mogę dostać **kartę podarunkową** do waszego sklepu?
Can I get a **gift card** to your store?

#907 WEJŚCIE – ENTRANCE

Wejście jest tam.
The **entrance** is over there.

#908 WYJŚCIE – EXIT

Wyjście jest tam.
The **exit** is over there.

#909 KASA SAMOOBSŁUGOWA – SELF-SERVICE CHECKOUT

To jest **kasa samoobsługowa**. Tutaj można zapłacić tylko kartą.
It's a **self-service checkout**. You can pay here with a credit card only.

#910 TOREBKA PLASTIKOWA – PLASTIC BAG

Poproszę dwie **plastikowe torby**.
Two **plastic bags**, please.

#911 ŻEL POD PRYSZNIC – SHOWER GEL

Skończył nam się **żel pod prysznic**.
We've run out of **shower gel**.

#912 SZAMPON DO WŁOSÓW - SHAMPOO
Czy ten **szampon** jest dobry dla suchych i zniszczonych włosów?
Is this **shampoo** good for dry and damaged hair?

#913 ODŻYWKA DO WŁOSÓW - HAIR CONDITIONER
Potrzebuję **odżywki** do suchych włosów.
I need **conditioner** for dry hair.

#914 DEZODORANT - DEODORANT
Szukam **dezodorantu**.
I'm looking for a **deodorant**.

#915 MYDŁO - SOAP
Kupiłam **mydło** wczoraj, więc nie musisz kupować.
I bought the **soap** yesterday, so you don't have to buy it.

#916 KREM DO RĄK - HAND CREAM
Masz **krem do rąk** w torebce?
Do you have **hand cream** in your bag?

#917 SZCZOTECZKA DO ZĘBÓW - TOOTHBRUSH
Zapomniałam zabrać **szczoteczki do zębów** z domu.
I forgot to take a **toothbrush** from home.

#918 PASTA DO ZĘBÓW - TOOTHPASTE
Możesz zrobić **pastę do zębów** samodzielnie.
You can make your **toothpaste**.

#919 PIANKA DO GOLENIA - SHAVING CREAM
Mój brat nie używa **pianki do golenia**.
My brother doesn't use **shaving cream**.

#920 PAPIER TOALETOWY - TOILET PAPER
Skończył nam się **papier toaletowy**.
We've run out of **toilet paper**.

#921 CHUSTECZKI HIGIENICZNE - TISSUES / WIPES
Masz **chusteczki higieniczne**? Mam katar.
Do you have **tissues**? I have a runny nose.

#922 LAKIER DO PAZNOKCI – NAIL POLISH
Nie używam **lakieru do paznokci**. Wolę naturalnie wyglądające paznokcie.
I don't use **nail polish**. I prefer natural-looking nails.

#923 PŁATKI KOSMETYCZNE / WACIKI – COTTON PADS
Używam organicznych **płatków kosmetycznych** wielokrotnego użytku.
I use organic, reusable **cotton pads**.

#924 GĄBKA – SPONGE
Mamy **gąbkę**?
Do we have a **sponge**?

#925 PERFUME – PERFUME
Ten **perfum** pięknie pachnie. Wezmę butelkę.
This **perfume** smells very good. I'll take a bottle.

#926 PODKŁAD – FOUNDATION
Unikam noszenia **podkładu** w gorące letnie dni.
I avoid wearing **foundation** on hot summer days.

#927 CIEŃ DO POWIEK – EYE SHADOW
Zawsze nakładam **cień do powiek** na samym końcu.
I always apply **eye shadow** at the end.

#928 KREDKA DO OCZU – EYE PENCIL
Czy mogę pożyczyć twoją **kredkę do oczu**?
Can I borrow your **eye pencil**?

#929 SZMINKA / POMADKA – LIPSTICK
Mam **szminki** w różnych odcieniach.
I have **lipsticks** in different shades.

#930 TUSZ DO RZĘS / MASKARA – MASCARA
Zawszę noszę **tusz do rzęs** w torebce.
I always have **mascara** in my bag.

#931 PROSZEK DO PRANIA – WASHING POWDER
Kup dwa opakowania **proszku do prania**.
Buy two boxes of **washing powder**.

#932 POWIEŚĆ – NOVEL
Szukam **powieści**.
I'm looking for **novels**.
#933 LITERATURA PIĘKNA – FICTION
Przepraszam, gdzie znajdę **literaturę piękną**?
Excuse me, where can I find **fiction**?
#934 LITERATURA FAKTU – NON-FICTION
Szukam sekcji z **literaturą faktu**.
I'm looking for a **non-fiction** section.
#935 LITERATURA DZIECIĘCA – CHILDREN'S LITERATURE
Macie **literaturę dziecięcą**?
Do you have **children's literature**?
#936 PRZEWODNIK TURYSTYCZNY / PRZEWODNIK – GUIDEBOOK
Chciałbym kupić **przewodnik turystyczny** po angielsku.
I'd like to buy a **guidebook** in English.
#937 MAPA – MAP
Ile kosztuje ta **mapa**?
How much does this **map** cost?
#938 PLAN MIASTA \ TOWN MAP – CITY PLAN
Potrzebujemy **planu miasta**. W przeciwnym wypadku możemy się zgubić.
We need a **city plan**. Otherwise, we may get lost.
#939 BAJKI DLA DZIECI – STORYBOOK
Moja córka uwielbia czytać **bajki dla dzieci**.
My daughter loves reading **storybooks**.
#940 TECZKA – FILE / FOLDER
Włóż to do **teczki**.
Put this inside the **folder**.
#941 TAŚMA KLEJĄCA – STICKY TAPE
Mógłbyś kupić **taśmę klejącą**?
Could you buy some **sticky tape**?

#942 PAMIĄTKI Z PODRÓŻY – SOUVENIRS
Zawsze kupuję **pamiątki z podróży** kiedy jestem za granicą.
I always buy **souvenirs** when I'm abroad.

#943 SKLEP Z PAMIĄTKAMI – SOUVENIR SHOP
Przepraszam, szukam **sklepu z pamiątkami**.
Excuse me, I'm looking for a **souvenir shop**.

#944 POCZTÓWKA – POSTCARD
Kupmy **pocztówki** i wyślijmy je do naszej rodziny!
Let's buy **postcards** and send them to our family.

#945 POSĄŻEK / FIGURKA – FIGURINE
Przepraszam, po ile ta **figurka**?
Excuse me, how much does this **figurine** cost?

#946 ZAPALNICZKA – LIGHTER
Mogę pożyczyć twoją **zapalniczkę**? Chcę zapalić papierosa.
Can I borrow your **lighter**? I want to smoke a cigarette.

#947 BRELOK / BRELOCZEK – KEY FOB
Zbieram **breloczki**.
I collect **key fobs**.

#948 MAGNES NA LODÓWKĘ – FRIDGE MAGNET
Zawsze kupuję **magnes na lodówkę** kiedy jestem za granicą.
I always buy a **fridge magnet** when I'm abroad.

#949 ZABAWKA – TOY
Ta **zabawka** kosztuje 5 złotych.
This **toy** costs 5 zloty.

#950 ETUI NA OKULARY – SPECTACLE CASE
Muszę kupić **etui na okulary**.
I need to buy a **spectacle case**.

#951 ETUI NA TELEFON – PHONE CASE
To **etui na telefon** wygląda ślicznie.
This **phone case** looks nice.

A short quiz: Provide the Polish equivalents of the following words

SHOP
GROCERY STORE
CLOTHING SHOP
SHOE SHOP
BAKERY / BAKER'S
BOOKSHOP
PETROL STATION / GAS STATION
PHARMACY \ DRUGSTORE
PAPER SHOP / NEWSAGENT'S
SUPERMARKET
SELF-SERVICE SHOP
SPORTS SHOP
GIFT SHOP
PAYMENT TERMINAL
RECEIPT
SHOPPING CART / SHOPPING BASKET
PRODUCT
CHECKOUT
SALE
SPECIAL OFFER
GIFT CARD
ENTRANCE
EXIT
SELF-SERVICE CHECKOUT
PLASTIC BAG
SHOWER GEL
SHAMPOO
HAIR CONDITIONER
DEODORANT
SOAP
HAND CREAM
TOOTHBRUSH
TOOTHPASTE
SHAVING CREAM

TOILET PAPER
TISSUES / WIPES
NAIL POLISH
COTTON PADS
SPONGE
PERFUME
FOUNDATION
EYESHADOW
EYE PENCIL
LIPSTICK
MASCARA
WASHING POWDER
NOVEL
FICTION
NON-FICTION
CHILDREN'S LITERATURE
GUIDEBOOK
MAP
TOWN MAP \ CITY PLAN
STORYBOOK
FILE / FOLDER
STICKY TAPE
SOUVENIRS
SOUVENIR SHOP
POSTCARD
FIGURINE
LIGHTER
KEY FOB
FRIDGE MAGNET
TOY
SPECTACLE CASE
PHONE
CASE

Chapter 15 – Free Time

#952 CENTRUM INFORMACJI TURYSTYCZNEJ - TOURIST INFORMATION CENTER
Przepraszam, gdzie jest **centrum informacji turystycznej**?
Excuse me, where is the **tourist information center**?

#953 PRZEWODNIK - GUIDE
Gdzie jest **przewodnik**? Muszę z nim porozmawiać.
Where is the tour **guide**? I need to talk to him.

#954 BIURO PODRÓŻY - TRAVEL AGENCY
Kupiłam tę wycieczkę w **biurze podróży**.
I bought this trip at a **travel agency**.

#955 REZYDENT TURYSTYCZNY - HOLIDAY REPRESENTATIVE
Rezydent turystyczny będzie dostępny w piątek po południu.
The **holiday representative** will be available on Friday in the afternoon.

#956 WYCIECZKA - TRIP
Zorganizujmy **wycieczkę** do Warszawy.
Let's organize a **trip** to Warsaw.

#957 WYCIECZKA JEDNODNIOWA - DAY TRIP
To jest **wycieczka jednodniowa**. Zaczyna się o 6 rano, a kończy się o 6 6 po południu.
It's a **day trip**. It starts at 6 AM and ends at 6 PM.

#958 WYCIECZKA AUTOKAROWA - COACH TRIP
To jest **wycieczka autokarowa**.
It's **a coach trip**.

#959 ZWIEDZANIE - TOUR
O której godzinie rozpoczyna się **zwiedzanie**?
What time does the **tour** start?

#960 ZWIEDZANIE Z PRZEWODNIKIEM - GUIDED TOUR
Czy to jest **zwiedzanie z przewodnikiem**?
Is it a **guided tour**?

#961 ZWIEDZAĆ - TO DO SIGHTSEEING
Zostało nam trochę czasu. Chodźmy **zwiedzać**.
We have some time left. Let's **do some sightseeing**.

#962 WYCIECZKA ZORGANIZOWANA - ORGANIZED TRIP
Czy to jest **wycieczka zorganizowana**?
Is it an **organized trip**?

#963 ZWIEDZANIE MIASTA - CITY TOUR
Zwiedzanie miasta rozpoczyna się o 13:00.
The city tour starts at 1 PM.

#964 OPŁATA ZA WSTĘP - ENTRANCE FEE
Ile wynosi **opłata za wstęp**?
How much is the **entrance fee**?

#965 MIEJSCE ZBIÓRKI - ASSEMBLING POINT
Miejsce zbiórki jest tam.
The **assembling point** is over there.

#966 CZAS WOLNY - FREE TIME
Ile mamy **wolnego czsu**?
How **much free time** do we have?

#967 STARE MIASTO - OLD TOWN
Jak dotrę do **starego miasta**?
How can I get to the **old town**?

#968 POMNIK - MONUMENT
To jest bardzo słynny **pomnik**.
It's a very famous **monument**.

#969 RATUSZ - TOWN HALL
Ratusz został zbudowany w 1789 roku.
The **town hall** was built in 1789.

#970 MUZEUM - MUSEUM
Chodźmy do **muzeum**. Wstęp jest darmowy dla studentów.
Let's go to the **museum**. The entrance is free for students.

#971 MUZEUM NAUKI - SCIENCE MUSEUM
Może pójdziemy do **muzeum nauki**?
Why don't we go to the **science museum**?

#972 MUZEUM HISTORYCZNE - HISTORY MUSEUM
Nie przepadam za **muzeum historycznym**. Zobaczy coś innego w zamian.
I don't like **history museums**. Let's see something else instead.

#973 GALERIA SZTUKI - ART GALLERY
Chodźmy do **galerii sztuki**.
Let's go to the **art gallery**.

#974 WYSTAWA - EXHIBITION
Widziałam już tę **wystawę** online.
I've already seen this **exhibition** online.

#975 PARK - PARK
Moja siostra jest w **parku**.
My sister is in the **park**.

#976 KOŚCIÓŁ - CHURCH
Chodzisz do **kościoła**?
Do you go to **church**?

#977 BAZYLIKA - BASILICA
To jest bardzo znana **bazylika**.
It's a very famous **basilica**.

#978 KINO - CINEMA
Idę do kina ze znajomymi.
I'm going to the cinema with my friends.
#979 FILM - FILM / MOVIE
Obejrzmy jakiś film.
Let's see a movie.
#980 FILM AKCJI - ACTION FILM
Uwielbiam filmy akcji.
I love action films.
#981 THRILLER - THRILLER
Nie jestem wielkim fanem thrillerów.
I'm not a big fan of thrillers.
#982 KOMEDIA ROMANTYCZNA - ROMANTIC COMEDY
Komedia romantyczna to mój ulubiony gatunek filmowy.
Romantic comedy is my favorite movie genre.
#983 KOMEDIA - COMEDY
Nie lubię oglądać komedii.
I don't like watching comedy.
#984 HORROR - HORROR FILM
Nie oglądam horrorów, ponieważ się boję.
I don't watch horrors because I'm scared.
#985 FILM HISTORYCZNY - HISTORICAL FILM
Uważam, że filmy historyczne są bardzo ciekawe.
I think that historical films are really interesting.
#986 FILM PRZYGODOWY - ADVENTURE FILM
Obejrzmy jakiś film przygodowy.
Let's see an adventure film.
#987 FILM SCIENCE FICTION - SCIENCE FICTION FILM
Moja koleżanka nie lubi filmów science fiction.
My friend doesn't like science fiction films.

#988 MUSICAL / FILM MUZYCZNY - MUSICAL
Moim zdaniem **musicale** są nudne.
In my opinion, **musicals** are boring.

#989 SALA KINOWA - SCREENING ROOM
Chodźmy szybko do **sali kinowej**. Film już się zaczął.
Let's go to the **screening room** quickly. The movie has already started.

#990 MIEJSCE - SEAT
Gdzie są nasze **miejsca**?
Where are our **seats**?

#991 RZĄD - ROW
Nasze miejsca znajdują się w trzecim **rzędzie**.
Our sits are in the third **row**.

#992 EKRAN - SCREEN
Nie widzę **ekranu**.
I can't see the **screen**.

#993 BAR PRZEKĄSKOWY - SNACK BAR
Weźmy coś z **baru przekąskowego**.
Let's get something from the **snack bar**.

#994 POPCORN - POPCORN
Poproszę duży **popcorn**.
Large **popcorn**, please.

#995 BILET DO KINA - CINEMA TICKET
Ile kosztuje **bilet do kina** dla dziecka?
How much is the **cinema ticket** for a child?

#996 TEATR - THEATER
Pójdziesz ze mną do **teatru** w sobotę wieczorem?
Will you go to the **theater** with me on Saturday evening?

#997 SZTUKA - PLAY
Ta **sztuka** wygląda interesująco. Kupmy bilety.
This **play** seems to be interesting. Let's buy the tickets.

#998 SPEKTAKL / PRZEDSTAWIENIE - PERFORMANCE

Spektakl zaczyna się za pięć minut.

The performance starts in five minutes.

#999 WYSTĘPOWAĆ - TO PERFORM

Stresuje się gdy muszę występować publicznie.

I'm stressed when I have to perform in front of the public.

#1000 AKTOR / AKTORKA - ACTOR

Mój tata jest aktorem.

My dad is an actor.

#1001 BALET - BALLET

Może pójdziemy obejrzeć balet?

Wy don't we go see the ballet?

#1002 SCENA - STAGE

Czuję się dobrze na scenie.

I feel good on stage.

#1003 OPERA - OPERA HOUSE

Przepraszam, jak daleko jest do opery?

Excuse me, how far is it to the opera house?

#1004 CHÓR - CHOIR

Śpiewam w chórze.

I sing in a choir.

#1005 TANCERZ / TANCERKA - DANCER

Jestem profesjonalnym tancerzem.

I'm a professional dancer.

#1006 KLUB NOCNY / KLUB - NIGHT CLUB

Do zobaczenia w klubie!

See you at the night club!

#1007 KLUB MUZYCZNY - MUSIC CLUB

Chodźmy do klubu muzycznego.

Let's go to a music club.

#1008 PARKIET - DANCE FLOOR
Nie mogę go znaleźć. Przed chwilą był na **parkiecie**.
I can't find him anywhere. He was on the **dance floor** a while ago.

#1009 MUZYKA - MUSIC
Jaki typ **muzyki** lubisz najbardziej?
What type of **music** do you like the most?

#1010 KARAOKE - KARAOKE
Lubisz **karaoke**?
Do you like **karaoke**?

#1011 IMPREZOWAĆ - TO PARTY
Czasami **imprezuję**.
I sometimes **party**.

#1012 SPĘDZAĆ CZAS Z PRZYJACIÓŁMI - TO SPEND TIME WITH FRIENDS
W niedziele **spędzam czas z przyjaciółmi**.
I spend time with my friends on Sundays.

#1013 ZESPÓŁ MUZYCZNY - MUSIC GROUP
Jestem fanem tego **zespołu muzycznego**.
I'm a fan of this **music group**.

#1014 DJ / DIDŻEJ - DJ / CLUB DJ
Stoi obok **didżeja**.
She's standing next to the **DJ**.

#1015 DRINK - COCKTAIL
Jakiego **drinka** zamawiasz?
Which **cocktail** are you going to order?

#1016 LOŻA VIP - VIP LOUNGE
Chcielibyśmy zarezerwować **lożę VIP**.
We'd like to book a **VIP lounge**.

#1017 OCHRONIARZE - SECURITY GUARDS
Tutaj nie ma **ochroniarzy**.
There are no **security guards** here.

#1018 AKWAPARK / AQUAPARK - WATER PARK
Może pójdziemy do **aquaparku**?
Why don't we go to a **water park**?
#1019 PŁYWAĆ - SWIM
Nie umiem **pływać**.
I can't **swim**.
#1020 RĘCZNIK KĄPIELOWY - BATH TOWEL
Zabierz ze sobą **ręcznik kąpielowy**.
Take a **bath towel** with you.
#1021 RATOWNIK - LIFEGUARD
Czy jest tutaj **ratownik**?
Is there a **lifeguard** here?
#1022 SAUNA - SAUNA
Nie lubię chodzić do **sauny**.
I don't like going to the **sauna**.
#1023 UZDROWISKO / SPA - SPA
W weekend wyjeżdżam do **SPA** ze znajomymi.
I'm going to the **SPA** with my friends on the weekend.
#1024 MASAŻ - MASSAGE
Zamierzam iść na **masaż**.
I'm going to get a **massage**.
#1025 JACUZZI - HOT TUB / JACUZZI
On jest w **jacuzzi**.
She's in the **jacuzzi**.
#1026 KARNET NA SIŁOWNIĘ - GYM MEMBERSHIP
Ile kosztuje **karnet na siłownię**?
How much does a **gym membership** cost?
#1027 TRENING - WORKOUT
Zawsze zaczynam dzień od **treningu**.
I always start my day with a **workout**.
#1028 ĆWICZENIA - EXERCISES
Dzisiaj będę robić **ćwiczenia** na ręce i nogi
Today I'm going to do some arm and leg **exercises**.

#1029 TRENING CARDIO – CARDIO WORKOUT
Trening cardio to mój ulubiony rodzaj treningu.
Cardio workout is my favorite type of workout.

#1030 AEROBIK – AEROBICS
We wtorki mam zajęcia **aerobiku**.
I have an **aerobics** class on Tuesdays.

#1031 MATA DO ĆWICZEŃ – WORKOUT MAT
Musisz przynieść własną **matę do ćwiczeń**.
You need to bring your **workout mat**.

#1032 STRÓJ NA SIŁOWNIĘ – GYM CLOTHES
Masz już **strój na siłownię**?
Have you already got **gym clothes**?

#1033 DRZEWO – TREE
To **drzewo** ma już dwieście lat.
This **tree** is two hundred years old.

#1034 ŁAWKA – BENCH
On siedzi teraz na **ławce**.
He's sitting on the **bench** right now.

#1035 MIEJSCE PIKNIKOWE – PICNIC AREA
Przepraszam, gdzie jest **miejsce piknikowe**?
Excuse me, where is the **picnic area**?

#1036 KOSZ NA ŚMIECI – WASTE BIN
Wyrzuć to do **kosza na śmieci**.
Throw it into a **waste bin**.

#1037 PLAC ZABAW – PLAYGROUND
Plac zabaw jest tam.
The **playground** is over there.

#1038 KSIĄDZ – PRIEST
Mój brat jest **księdzem**.
My brother is a **priest**.

#1039 ZAKONNICA – NUN
Moja ciocia jest **zakonnicą**.
My aunt is a **nun**.

#1040 ZAKONNIK – MONK
Jej wujek jest **zakonnikiem**.
Her uncle is a **monk**.
#1041 CMENTARZ – CEMETERY / CHURCHYARD
Chodźmy zobaczyć zabytkowy **cmentarz**.
Let's go see the old **churchyard**.

A short quiz: Provide the Polish equivalents of the following words
TOURIST CENTER
TOURIST INFORMATION CENTER
GUIDE
TRAVEL AGENCY
HOLIDAY REPRESENTATIVE
TRIP
DAY TRIP
COACH TRIP
TOUR
GUIDED TOUR
TO DO SIGHTSEEING
ORGANIZED TRIP
CITY TOUR
ENTRANCE FEE
ASSEMBLING POINT
FREE TIME
OLD TOWN
MONUMENT
TOWN HALL
MUSEUM
SCIENCE MUSEUM
HISTORY MUSEUM
ART GALLERY
EXHIBITION
PARK
BRIDGE

CHURCH
BASILICA
CINEMA
FILM / MOVIE
ACTION FILM
THRILLER
ROMANTIC COMEDY
COMEDY
HORROR FILM
HISTORICAL FILM
ADVENTURE FILM
SCIENCE FICTION FILM
MUSICAL
SCREENING ROOM
SEAT
ROW
SCREEN
SNACK BAR
POPCORN
CINEMA TICKET
THEATER
PLAY
PERFORMANCE
PERFORM
ACTOR
BALLET
OPERA HOUSE
CHOIR
DANCER
NIGHT CLUB
MUSIC CLUB
DISCO
DANCE FLOOR
MUSIC

KARAOKE
PARTY
SPEND TIME WITH FRIENDS
MUSIC GROUP
DJ / CLUB DJ
COCKTAIL
VIP LOUNGE
SECURITY GUARDS
WATER PARK
BATH TOWEL
LIFEGUARD
SAUNA
SPA
MASSAGE
HOT TUB / JACUZZI
GYM MEMBERSHIP
WORKOUT
EXERCISES
CARDIO WORKOUT
AEROBICS
WORKOUT MAT
GYM CLOTHES
TREE
BENCH
PICNIC AREA
WASTE BIN
PLAYGROUND
PRIEST
NUN
MONK
CEMETERY / CHURCHYARD

Chapter 16 – Money

#1042 BANK - BANK
Przepraszam, gdzie jest najbliższy **bank**?
Excuse me, where is the nearest **bank**?

#1043 WYPŁACAĆ - TO WITHDRAW
Chciałbym **wypłacić** trochę gotówki.
I'd like to **withdraw** some cash.

#1044 GOTÓWKA - CASH
Tutaj można zapłacić tylko **gotówką**.
You can pay here with **cash** only.

#1045 KARTA KREDYTOWA - CREDIT CARD
Czy mogę zapłacić **kartą kredytową**?
Can I pay with a **credit card**?

#1046 KARTA ZBLIŻENIOWA - PROXIMITY CARD
To jest **karta zbliżeniowa**.
It's a **proximity card**.

#1047 CZEK - CHEQUE
Czy mogę zapłacić **czekiem**?
Can I pay with **cheque**?

#1048 WPŁACAĆ - TO DEPOSIT
Chciałbym **wpłacić** trochę gotówki.
I'd like to **deposit** some cash.

#1049 KONTO BANKOWE - BANK ACCOUNT
Chciałabym otworzyć nowe **konto bankowe**.
I'd like to open a new **bank account**.

#1050 KONTO OSZCZĘDNOŚCIOWE - SAVINGS ACCOUNT
Chciałabym otworzyć **konto oszczędnościowe**.
I'd like to open **a savings account**.

#1051 OSZCZĘDNOŚCI - SAVINGS
Masz jakieś **oszczędności**?
Do you have **savings**?

#1052 PRZELEW BANKOWY - BANK TRANSFER
Chciałbym wykonać **przelew bankowy**.
I'd like to make a **bank transfer**.

#1053 BANKOMAT - ATM / CASH MACHINE
Szukam **bankomatu**.
I'm looking for a **cash machine**.

#1054 WPŁATOMAT - CDM / CASH DEPOSIT MACHINE
Przepraszam, gdzie jest najbliższy **wpłatomat**?
Excuse me, where is the nearest **CDM**?

#1055 POTWIERDZENIE ZAPŁATY - PAYMENT CONFIRMATION
Chciałbym dostać **potwierdzenie zapłaty**.
I'd like to get a **payment confirmation**.

#1056 HISTORIA TRANSAKCJI - TRANSACTION HISTORY
Czy mogę zobaczyć **historię transakcji**?
Can I see my **transaction history**?

#1057 KREDYT - CREDIT / LOAN
Chciałbym dostać **pożyczkę**.
I'd like to get a **loan**.

#1058 KREDYT HIPOTECZNY – MORTGAGE
Chciałąbym dostać **kredyt hipoteczny**.
I'd like to get a **mortgage**.
#1059 DŁUG – DEBT
Mam ogromny **dług**.
I have a huge **debt**.
#1060 ODSETKI – INTEREST
Jake są **odsetki**?
What is the **interest**?
#1061 PODATEK – TAX
Ile **podatku** muszę zapłacić?
How much **tax** do I need to pay?
#1062 FAKTURA – INVOICE
Wyślij **fakturę** na ten adres email.
Send the **invoice** to this email address.
#1063 UMOWA – AGREEMENT
Musimy podpisać **umowę** zanim zaczniemy współpracować.
We have to sign an **agreement** before we start cooperating.
#1064 KANTOR WYMIANY WALUT – AN EXCHANGE OFFICE
Przepraszam, gdzie jest **kantor wymiany walut**?
Excuse me, where is the **exchange office**?
#1065 WALUTA – CURRENCY
Jaką **walutę** chciałby Pan wymienić?
What **currency** would you like to exchange?
#1066 KURS WYMIANY WALUT – EXCHANGE RATE
Jaki jest **kurs wymiany walut** dzisiaj?
What is today's **exchange rate**?
#1067 WALUTA KRAJOWA – NATIONAL CURRENCY
Nasza **waluta krajowa** to dolar.
Our **national currency** is the dollar.

#1068 WYMIENIĆ – TO EXCHANGE

Chciałbym **wymienić** pieniądze.

I'd like to **exchange** some money.

#1069 PRZEWALUTOWAĆ – TO CONVERT A CURRENCY

Chciałbym **przewalutować** pieniądze.

I'd like to **convert currency**.

#1070 KRYPTOWALUTA – CRYPTOCURRENCY

Czy akceptujecie **kryptowaluty**?

Do you accept **cryptocurrency**?

#1071 BITCOIN – BITCOIN

Czy mogę zapłacić **Bitcoinem**?

Can I pay with **Bitcoin**?

A short quiz: Provide the Polish equivalents of the following words

BANK
WITHDRAW
CASH
CREDIT CARD
PROXIMITY CARD
CHEQUE
TO DEPOSIT
BANK ACCOUNT
SAVINGS ACCOUNT
SAVINGS
BANK TRANSFER
ATM / CASH MACHINE
CDM / CASH DEPOSIT MACHINE
PAYMENT CONFIRMATION
TRANSACTION HISTORY
CREDIT / LOAN
MORTGAGE
DEBT
INTEREST

TAX
INVOICE
AGREEMENT
EXCHANGE OFFICE
CURRENCY
EXCHANGE RATE
NATIONAL CURRENCY
EXCHANGE
CONVERT A CURRENCY
POLISH ZLOTY
EURO
BRITISH POUND
US DOLLAR
CRYPTOCURRENCY
BITCOIN – BITCOIN

Conclusion

Congratulations! You have learned over 1,000 Polish words and some grammatical background.

Whatever your reason for learning Polish, this book should have been useful and provided you with the basic tools you need.

Learning a language is an endless journey. During it, you will encounter difficulties, but don't be discouraged! In the end, you will be rewarded with the most exciting prize: the knowledge of a new language.

All the best with it!

www.ingramcontent.com/pod-product-compliance
Lightning Source LLC
Chambersburg PA
CBHW070045230426
43661CB00005B/767